橘 孝三郎【著】 小野 耕資【編・解説】

日本を救う農本主義

『日本愛国革新本義』
『永遠なる義公』

望楠書房

はじめに

「話せばわかる」「問答無用、撃て！」

昭和７年（１９３２年）５月15日、三上卓、古賀清ら海軍を中心とした青年将校たちが、首相官邸に侵入し、時の内閣総理大臣、犬養毅首相を射殺した事件、これが５・15事件です。凄惨な事件ではありますが、この事件の背景には民衆の貧困と農村の荒廃、そして政党政治の腐敗がありました。彼らの行動はよくクーデターと言われますが、彼等には蹶起した後の政権奪取のビジョンがあったわけではありません。また、犬養首相に個人的な恨みがあったわけでもありません。むしろ失敗を前提とした全力の抗議こそが、５・15事件の目的でした。国民の苦境を真に訴えることで、いわば新時代の「捨て石」となることが目的だったのです。

この５・15事件には海軍の青年将校に限らず、民間からも決起に深く関与した人たちがいました。それが本書の主人公である橘孝三郎をはじめとする農民の人々です。孝三郎は古賀から蹶起の計画を打ち明けられ、目の前の青年を犬死させてはならないと蹶起に加わったのです。彼らは「農民決死隊」として事件に加わりました。

ではなぜ彼らは５・15事件を起こそうとしたのでしょうか？

５・15事件の背景には農村の貧困がありました。当時の岩手県のある村では、雪が降る中、子どもたちがシャツしか着ずわらびの根をかじって飢えをしのいでいる状況でした。また、女児は遊女として売られていきました。こうした状況に義憤し立ち上がったのです。

権門上に傲《おご》れども　国を憂うる誠なし　財閥富を誇れども　社稷を念《おも》う心なし
功名何か夢の跡　消えざるものはただ誠　人生意気に感じては　成否を誰か論《あげつ》らう

広く愛唱された三上卓作詞の「青年日本の歌（昭和維新の歌）」の一節です。権力者も財界も国のことを全く考えていない！　それを正すためには事の成否など考えるべきではないという率直な怒りが伝わってきます。また、こうした農村の荒廃を背景に、農本主義という思想が興りました。工業重視の世相の中で農業が持つ隣人たちとの連帯や伝統文化、地域社会を重んじる考えが、農本主義です。明治時代後半から唱えられ始め、工業や商業によって富を獲得することばかりを追求することで国の元気が衰退した、もっと地方の小農を大事にせよと訴えるものでした。農村の荒廃とは、郷里の崩壊だったのです。農本主義の思想もまた、当時そして現代にも大きな問いを投げかけています。

　はるか古代から近代に至るまで、農山漁村には自然と人間が共生する自給自足の文化が培われていました。その土地土地で自然と付き合いながら生きてきた農山漁村の人々の生活は、不合理なようでさまざまな自然的叡智が含まれています。そこでは自然と共生するのみならず、人間どうしもムラの中で相互扶助が行われていました。それは貨幣経済では計り知れない価値を持っています。ところが、国際分業に基づく経済合理主義が、農産物自由化を進め、生産性という尺度だけで物事を計ったため、共同体の善美なるものは破壊されていきました。農業自体はいまに至るまで続いていますが、それは食料生産基地として大量生産、大量販売する一産業としての農業であって、地域社会や収穫を感謝する信仰と結びついた存在ではありません。だから、農作物の貿易自由化を進め、海外から輸入した方が安くてよいという発想になるのです。

しかし近年の情勢は、こうした自由貿易への楽観を裏切りつつあります。ウクライナ戦争による原材料高騰や食料危機への懸念は、結局自由貿易は脆弱であり、自給しなければ生き残れないという現実を教えました。政府も経済安全保障、食料安全保障などと言っていますが、せいぜい輸入先を多様に確保しようということ以外実効性がない状況です。また、格差が拡大し、市場経済に依存しても生活の安定が保障されないことに人々が気付き始めたことも大きなことだと思います。所詮いつクビになってもおかしくない都市労働者は、代替可能な労働力に過ぎないのです。そこに居場所はありません。人々が支え合う農山村に魅力を感じる人も増えていますが、その肝心の農山村が市場原理に毒されてダメになりつつあるのが、現代日本なのです。その意味では橘孝三郎が立ち上がった昭和初期と現代日本は似通った部分があるのです。

橘孝三郎が何を考え国事に挺身したのかがよくわかるのが、本書の元となった橘孝三郎『日本愛国革新本義』です。建設社から発行されたこの本の奥付には、「昭和七年五月十五日印刷、五月二十日発行」とあり、５・15事件の最中に作成された本なのです。そしてこの本は、昭和7年1月22日、土浦の料亭「霞月楼」にて橘孝三郎が霞ケ浦航空隊教官、飛行学生らに講演した内容を記したものなのです。まさに本書こそ５・15事件の当事者による肉声といえるのではないでしょうか。

この本は発売直後に発禁されましたが、現在ではテキストデータが残っております。原テキストは他からも復刻されております。本書は、より現代日本人にもわかりやすく、この『日本愛国革新本義』を現代仮名遣いに直したものと、その内容に対するわたしの解説を収録いたしました。

本年は橘孝三郎生誕１３０年、没後50年目にあたります。本書が５・15事件や橘孝三郎の思想の理解促進に寄与するならば、これに勝る喜びはございません。

橘孝三郎（左）と三上卓（田口典彦氏提供）

表紙デザイン＝古村奈々＋Zapping Studio

目次

1

『日本愛国革新本義』入門

●凡例

本稿は『日本愛国革新本義』（昭和7年、建設社）を底本に、現代日本人が読みやすいよう以下の修正を加えたうえで解説を付記したものである。

漢字は新字体に改め、現代かなづかいとし、明らかな誤りと思われる部分は修正した。また、一部句読点を増補した。国名地名人名等の表記は現代一般的なものとした。

数字は熟語等の場合を除き原則算用数字に修正した。現代ひらがな標記が一般的なものに関してはひらがなに修正した。

（例）又→また　可き→べき　之→これ　事→こと　等。

送り仮名は現代一般的なものに修正した。

【　】内は編者の補足。原本の伏字は諸史料や文脈を総合し編者が増補した。

《解説》

橘孝三郎は明治26年（１８９３年）、水戸に生まれました。橘家は「小林屋」と称し藍屋（染物屋）を家業としており、孝三郎の祖父市兵衛が一代で財を成しました。地主階層であり、農業も行っていました。しかし、家業は輸入綿花におされ、やや斜陽の状況にあったようです。

孝三郎は水戸中学校を経て一高に進学。一高では倉田百三らと文芸にいそしみました。しかし大正３年、勉強過多による目の病と心の不調により一高を退学してしまいます。そして突如故郷水戸で帰農し、自給自足生活を送ろうとします。エリートコースからの突如の方向転換は、周りに大きな衝撃を与えたことでしょう。一高退学時の孝三郎は、髪も髭もボウボウだったと言います。トルストイの思想に共鳴し、人々の困窮を救い、神を信ずる簡素な生活こそ正しいと主張し、実践したのです。孝三郎は、橘家の持っていた山林を放牧場にし、自身が帰農した土地を「兄弟村」と名付けます。農耕と牧畜による生活はハイカラな雰囲気で、ピアノが流れ、讃美歌が歌われ、祈りが行われるミレーの『晩鐘』そのものの光景であったと言います。兄弟村の生活スタイルは、近隣の農村をはじめ地域社会とはかなり異質なものでした。それは、精神面においても、「世間体」や立身出世主義に枠づけられた日本近代社会の精神構造から隔絶された世界といってよいものでした。

当時の「愛郷道歌」の歌詞は以下のとおりです。

めざめよ　みたまに　かへれよ　土に
われらがよるべ　われらがしるべ
わがふるさと　わがふるさと

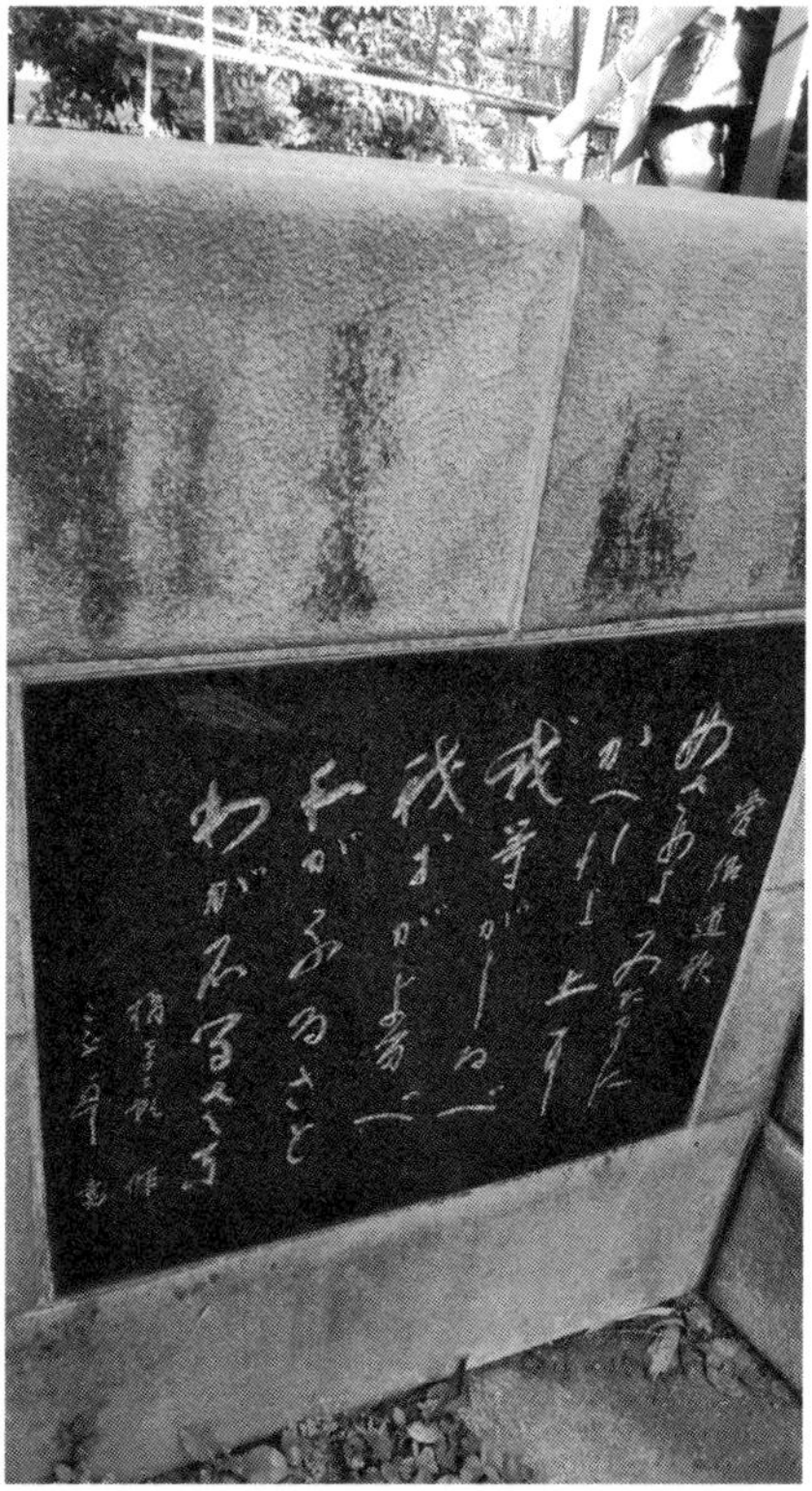

愛郷道歌碑（愛郷塾内）

孝三郎らの兄弟村と、白樺派の関係も見過ごせません。当時白樺派の武者小路実篤が「新しき村」運動を興しており、社会問題を解決して博愛の心を育むため、個人が財産を放棄して共有財産とし、集団生活で平等な共同体を実現することを目指していました。孝三郎は武者小路実篤の『大調和』に寄稿したこともありますし、孝三郎の妹はやは2年先輩である柳宗悦の妻兼子（日本最初の声楽家とも言われる）と親しく、はやは、当時声楽家として名が売れ始めた兼子の弟子のようなかたちとなっていました。宗悦・兼子夫妻ははやを訪ねて水戸に赴いたこともありました。その際に柳が白樺派の考え方を橘に伝えたことで、孝三郎は白樺派の考え方にも共感しました。孝三郎も柳の江戸時代の仏師である木喰《もくじき》の研究に多大なる関心を抱き、「木喰はわが師」とも言っていたと言います。孝三郎の兄弟村にはミレーの絵とともにイギリスの詩人であり画家のウィリアム・ブレイクの絵も掲げられていました。ブレイクこそ柳宗悦の原点であり、両者の関心が近かったことをうかがわせるものといえます。ブレイクは神話や信仰、死者に対して強い関心を持った人物です。

そうした人脈的つながりだけではなく、柳と橘は伝統を信仰的に理解していたことも共通しています。

柳は○○焼、▲▲織といった民藝を共同体によって生み出されるものとして捉えていました。したがって民藝は高名な芸術家によって生み出されるのではなく、無名の庶民が自らの必要に従って作られるものと考えていたのです。一方で資本主義社会がもたらす機械的な量産を、あさましく共同体に培われた文化を破壊するものとして捉えています。

一高を去った孝三郎は、大正4年、茨城県東茨城郡常盤村で農業を始めました。大正7年に開村した「新しき村」よりも実践としては3年先んじています。当初、その農業はトラクターを購入する等、当時最先端の技術を取り入れた効率重視の機械的農業でした。しかしある日、孝三郎はこうした機械農法の限界に気付きます。孝三郎は地元の精農のやり方を観察し、雑草をなくすためには、鍬で適度の深さで土壌を耕し、それを鍬でまたすくうことが必要だと学びました。こうして、孝三郎は鍬による農法の重要性に気付きます。『農業本質論』でも鍬の偉力を強調し、農機や人工肥料に依存すると大産業に依存させられると語っています。

現代人の目から見れば、いや、当時であっても、それは非合理的な感情であったかもしれません。しかし、孝三郎はまるで鍬による農法を信仰の修行のように捉えました。農作業を通じてひたすら自然に尽くせば、自然はそれに素直に応えてくれる。橘は農業を通して人間の生きるべき姿を信仰的に理解したのです。

また、孝三郎は機械や人工肥料に依存する農業を、大産業への隷属化につながるとして批判していましたが、それはアグリビジネスと化した今日の農業界においても当てはまります。現代のグローバル農業資本は、安全性が不明な遺伝子組換種子と除草剤や人工肥料を提供しその著作権で商売をするということを行っているからです。彼等に依存すると、最初は豊作となりますが、徐々に土地がやせていってしまいます。また、伝統農業のノウハウも絶えてしまいます。農薬は害虫や雑草を殺せば効率的に農業生産ができるという発想に立ち、化学肥料は植物が育つ要素を窒素、リン、カリウムに単純化しそれを与えれば効率的な農業ができるという発想に立っています。しかし農薬には健康被害が指摘され、化学肥料は土を固く痩せさせてしまうということが指摘されています。また、石油を大量に消費する、周辺環境を汚染するといったマイナス面も見過ごせません。著作権で儲けるグローバル農業資本ばかりに富が集中し、肝心の耕作農家は借金まみれにさせられるケースも後を絶ちません。

そこで食料主権という考え方のもと、グローバル農業資本が持ち込んだ農薬や化学肥料による土壌汚染、水質汚染を回復させるために伝統農法のノウハウが21世紀の今日見直されているのです。孝三郎の思想は現代思想の動きを１００年先んじていたともいえるのです。

孝三郎の歩みに話を戻します。兄弟村は完全な協同社会で相互扶助を前提としました。しかし収支は赤字で、孝三郎は働きすぎで病に倒れます。そこで孝三郎は、資本家とそれに追従する政治家、金融資本主義的経済機構を正さなければ問題は解決しないと気づいたのです。こうして孝三郎は商品化した農業に反対し、政治活動にも入っていきました。孝三郎は愛郷塾を結成、井上日召らと知り合います。日召は群馬県出身で、茨城県の大洗護国堂住職となります。日召もある日悟りを開き社会変革に身命を賭すことになります。日召は「其の朝も、例によつて、東に向つてお題目を唱へてゐると、朝日がズンズン上つて、将《まさ》に山の端を離れた瞬間、私は思はず『ニツシヨウ‼』と叫んだ。『ニツシヨウ』が何の意味だかも知らぬ。自分にも叫ぶ意志はなかつたのだ」（『一人一殺』）と言っています。

孝三郎はこうして政治活動を始め、続々と愛郷塾の支部ができます。農本主義思想家である権藤成卿とも知り合い、「親子の感情」を抱いたと言います。愛郷塾が発した「汎《あまね》く農村青年に檄す」という当時の檄

愛郷塾

文があります。

「土に還れ、土に還ってそこから新たな歩行を起せ！　それのみが己れと他と、個人と社会と、そして一切を救済すべく我等に許されたる唯一の途《みち》である。それのみが都市と農村と、更に八千万同胞の世界に比類なき団結力の上に建国されたる我が愛する日本を改造すべく我等に示されたる唯一の途である。おお！　この救済、この改造!!　この救済と、この改造のために　同志よ、立て!!」

大正時代後半から昭和1桁の時代は、失業問題と食料不足問題と慢性的不況が社会問題化していました。孝三郎は、自らの利益や身の危険を顧みず、資本主義の不正義を一掃し、社会的正義を回復させることを目指す気持ちだったと言います。

昭和7年、5・15事件が発生します。5・15事件では孝三郎は同志とともに事件に参加することを決意します。愛郷塾の農民部隊は東京の変電所を爆撃しようとします。結果的には爆弾は破裂せず未遂に終わります。孝三郎は政治家を殺せなかったから変電所を爆破しようと計画したのではありませんでした。変電所を爆破することが何より重要なことと考えたのです。物質文明の中心地である東京を数時間でも暗闇にできたら、あるいは人々は物質文明以上に重要な何かに気付くかもしれないという思いでした。孝三郎は事件後自らが権力を握るために立ったのではありません。青年将校らだけが蹶起したのではなく、農民をはじめとした多くの困窮者も蹶起に参加したことを広く国民一般に知らせることにあったといいます。私心で立ち上がったわけではないという思いについては青年将校も同様で、理想とする日本になるための捨て石となるつもりでした。

孝三郎は、5・15事件を起こした農民部隊が満洲に逃げてくるのを待つため、満洲にわたります。満洲に理想社会の実現を求めての行動でした。その際、『日本愛国革新本義』を読んだ検事が「これは共産党ではない。東京の刑事は嘘を言っている」と感じたため追われなかったと言います。孝三郎は満洲で原稿を残して自首します。それは『皇道国家農本建国論』として刊行されています。孝三郎が捕まったことにより愛郷塾は事実上壊滅するも、地元の農業運動は盛り上がったようです。5・15事件では、国民から海軍青年将校や孝三郎ら実行者に対して減刑嘆願が多数届くなど、国民の同情を集めました。憂国の至誠が評価された形となります。一方で、裁判の結果は、海軍青年将校の中心人物であった三上卓、古賀清志は禁錮15年であったのに対し、孝三郎は無期懲役となるなど官民で格差がありました。孝三郎39歳のことでした。

孝三郎の支援者の一人に茨城県出身の政治家風見章がいます。風見は現早稲田大学に進学し、雄弁会で中野正剛や緒方竹虎といった玄洋社系の人物とも交流しました。卒業後は信濃毎日新聞の主筆を務め、立憲民政党から衆議院議員に当選します。その後中野正剛らと国民同盟会を結成し民政党から脱党、第1次近衛内閣では昭和研究会の中枢として活躍するほか、いまでいう内閣官房長官ともいえる内閣書記官長に任命されます。風見と孝三郎の出会いは、兄弟村の経営が上手くいかない中で兄鉄太郎が茨城農耕銀行頭取の穴沢清二郎に相談したところ紹介されたのがきっかけだったといいます。風見は単なるパトロンではなく、何回か会ううちに孝三郎に魅了され、孝三郎の農村問題座談会にも参加していました。風見は5・

15事件が起こると、孝三郎のために進んで証言台に立ち、孝三郎の挙については政治的貧困をもたらした政党人が責任を感じるべきだと証言しました。マルクス好きだったこと、ゾルゲ事件の尾崎秀実と親しかったこともあり毀誉褒貶のある人物ですが、信念ある政治家でした。なお、戦時中は帰農しており、戦後は日本社会党に所属し、岸内閣の台湾重視の姿勢を批判しています。政治評論家として活躍した森田実が風見の弟子筋にあたります。

戦後の孝三郎は、自宅に帰り天皇論の刊行に努めます。『神武天皇論』『天智天皇論』『明治天皇論』『皇道文明優越論概説』『皇道哲学概論』の天皇論5部作は自らの土地を売り払って発行資金としたとも言われています。天皇論5部作は各巻1000ページ以上の大部なものでした。最後の『皇道哲学概論』は前4巻のまとめのような位置づけとなっています。その他4巻の内容については、本書の解説でもおいおい紹介していきます。孝三郎が理想としたのは「土とま心」の実現です。土は農業であり土着文化、ま心は信仰心、大いなるものに対して敬意を持つこと、己一身の利害を超えたものへの敬虔な気持ちのことでしょう。孝三郎は、5・15事件で武力によって一挙に日本を変えようとしたことについては方法を誤ったという思いがあり、戦後は著述活動に専念します。孝三郎は昭和49年（1974年）に亡くなります。81歳でした。

「はじめに」でも述べました通り、本書の元となった『日本愛国革新本義』は、昭和7年1月22日、土浦の料亭「霞月楼」において孝三郎が霞ケ浦航空隊教官、飛行学生らに講演した内容を記したものです。霞月楼は当時海軍関係者が連日のように宴会を開いていた場所でした。『日本愛国革新本義』には、孝三郎がどういった問題意識で帰農し、政治活動に邁進したのか、率直に記されています。孝三郎の肉声を聞きながら、どういった社会に転換することを目指したのか、考えてまいりましょう。

檄

国土を離れて国民なく、国民を離れて国民社会なく、国民社会を離れて人生なし。ゆえに国を愛せざる者は人にあらず。

日本は尊厳極みなき皇室を中心として世界に比なき団結力を有する日本同胞の愛国同胞主義による日本たらざるべからず。実に、日本は愛国同胞主義に生き、愛国同胞主義は国体に生く。

しかも愛国同胞主義や今何処。国体や今如何。世界の大勢、国内の実状、一として国本改造の急を告げざるものなし。日本の危機たる真に未曾有と称せざるべからず。これを救う者は何ぞ。

ただ愛国革新の断行あるのみ。

生命に価するものはただ生命を以てのみすべし。日本愛国革新者よ、日本愛国革新の大道のために死を以て、ただ死を以て立て。

序

どっからどこまでくさり果ててしまった。どっからどこまで困りはててしまった。全体祖国日本はどこへいく。我々はどうなる。——祖国日本は亡びるというのか。我々はどうにもこうにもならんというのか。

なんの、なんの、なんの！！！

日本は更生する。そして我々は立つ。またかくてのみ救われるべき世界の現状であったのだ。

みんなして、みんなして、誰もが。

みんなして、みんなして、誰もが。

俺達日本人はみんな誰もが同胞だったのではないか。みんな誰もが同胞だったからこそ生きてこられたのではないか。そして生きてゆけるのだ。一切をこの本道へ引き戻さねばならん。そして俺達日本同胞は日本を同胞として抱きしめて立たねばならん秋《とき》がついに来たのだ。

救国済民の大道のために、そして救国済民の大道に捧げたる同志の前に、この拙き、しかしながら真心の限りを以てものしたるこの一書を贈る。

ちなみに本書は、ある土地での将士の会合に招かれて試みた講演筆記に、この出版にあたって、重ねて筆を尽したものであることを、以前読者のお含みを願っておきたい。

昭和7年5月5日　著　者

《解説》

本書は檄文から始まります。最初に「国土を離れて国民なく、国民を離れて国民社会なく、国民社会を離れて人生なし」と孝三郎の哲学を表明しています。国体に基づく愛国同胞主義こそが日本を日本たらしめるのですが、その愛国同胞主義がなくなりつつあり、同胞愛の本道に引き戻さねばならない。だから救国済民のために立て！　というロジックです。「俺達日本人はみんな誰もが同胞だったのではないか。みんな誰もが同胞だったからこそ生きてこられたのではないか」という孝三郎の叫びは、胸を打つものがあります。明治時代以降の日本は、資本主義を導入し、経済競争を奨励しました。そうすることで日本経済は発展し、欧米の植民地支配から逃れることができました。一方で、そうして無理をして産業化、工業化したことで、格差や貧困といった社会矛盾が大きくなっていきました。大きすぎる格差は、国民どうしが「同胞」として仲間意識を持つこともさまたげます。本当にこのままでよいのか、そうした叫びがあるように思えます。

現代日本もまた、昭和の高度経済成長を経てバブルが崩壊し、失われた時代が続いています。格差が開き、新自由主義が当然視され、日本が貧しくなったと叫ばれています。社会の連帯は衰退し、家族や地域といった共同体による相互扶助機能も低下しています。そのような情勢の中で、どのように同胞愛を描くのでしょうか？　愛国心は愛政府心にすり替えられ、与党に媚び野党を貶めることが愛国であるかのような錯覚が社会を覆っています。一方で与野党問わず、既存政党への不信感も根深いものがあります。真に同胞を慮ることが、令和の日本にも求められています。

第1篇　日本愛国革新の絶対性

第1章　世界の大勢

空前にして恐らく絶後なる世界大戦の犠牲によって、世界が学び得たものがあったとすれば、西洋唯物文明の没落ということと、さらに世界のあらゆる国々は、国民主義に還らねばならんという一事であろうと存じます。民族主義、国民単位主義、新モンロー主義、及びそれに基礎せる国際的世界関係発揚の声のますます熾《さかん》ならんとしておるのも上の如き事情を最もよく示せるものと言わねばなりますまい。まことに世界の大勢は我々をして民族主義、国民単位主義を採らねばならんように推移しておるのであります。現に我々は国土の根本を忘れ、または捨て去ることは絶対に許されなくなりました。国民的存在の中心たる同胞主義精神に再び目覚めかつ復帰せねばならなくなりました。これを、もう少し具体的にながめかつ語るならば、目下最も人々を悩ましつつある経済生活の側面に照して見ても直ちに知ることができると存じます。即ち我々は今までのように勤労生活を捨ててただ営利生活にのみ没頭することはできなくなってまいりました。また我々の経済的欲望充足も生産と分配と一切が共存共栄を眼目とせる協同主義の上に置かれなくてはならなくなりました。換言すれば我々の必要は国民的にそして社会的にみたすよりほかに方法がなくなってまいったのでありまして、国民的購買力を無視して営利事業に国民的共栄生活を顧みないなぞということはこれ以上許さるべき性質のものではないということになってまいりました。かようにいたしまして食糧品生産も、国防工業も、貿易工業も、交通事業、電気事業等も、一切は国民社会本位的に合理化されなくてはその存在の意義がないものだということが明瞭となってまいりました。即ち人々は国民的存在の基本の上に国民的必要を国民社会的方法に訴えてみたす以外に道なきことを学び知った結果として、ここに新たに国民社会的計画経済による新国民社会的経済組織を組立てなくてはならない必要の必死なるものに迫られておるのであります。でありますとしますならばこの如き国民社会的計画経済実現はどうしたらいいのか。その最初にして最後の必要条件は何であらねばならないか。それは世界最大の機械工業的大産業を独裁的強権の支配力に訴えて樹立することであろうか。農村を工場化し、農業を大工業化することであろうか。断じてそんなことで我々の理想目的は達成せられるものではないのであります。いやそうであるかも知れん。そうであるかも知れんが、左様なものから新社会が生まれるのではなくて、新社会が左様なものを生むものだと申さねばならんので、最初にして最後の条件としてあらねばならんのは新経済組織の国民社会的なるものを生むに価せる国民社会そのものであらねばならんのであります。即ち教育組織に、国防組織に、政治組織に、経済組織に、あらゆる社会組織のそれが国民社会的に有機的に組織されてしかも国民社会的に正整、調和、統一されてあらねばならんのであります。しかしながらそれもある力によって創り出された結果であります。しからばさらにこの如き国民社会実現の原動は何か。申すまでもない、国民社会成員の総員、教育家も、政治家も、軍人も、農民も、労働者も、全体が一国を愛し至誠の限りを尽して勤労し得るが如く結合するほかないのでありまして、即ち愛国同胞主義であります。実に世界の大勢は我等に愛国同胞主義によって完全国民社会の実現を促すや最も急なるものが存しておるものと言わねばなりません。かくてこそ、そしてかくてのみ我等はよく自らを導き、よく自ら治め、よく自ら守り、よく自ら給し得るものと言わねばならん。自ら導き、自ら治め、自ら守り、自ら給し得て後にこそ、他を導き、他を治めしめ、他を守らしめ、他に給し得るという以外に、いかにしてよく他を導き、他を治めしめ、他を守らしめ、他に給することができましょうか。しからば日本の世界人類史的使命もまたかくの如くしてのみ果し得るものというほかないのであります。しこうして世界の大勢がまた日本をしてこの世界史的真使命を遂行せしめんために動くこと上述の如きものがあるのであると存じます。

　世界の大勢よりする私の上のような見解を空論なりとみなさまに誤解されるような事柄は一切のために忍び得ないところのものでありますから、大戦後の世界の実状について一瞥《いちべつ》【簡単にみること】を与える必要があると存じます。我々の視線は直ちにヨーロッパに向けられます。ヨーロッパも過去の英国、現在のフランス、将来のロシアとこの三者を以て代表せしめることを以て我々の目的のためには足れりとしておきます。

英国が世界資本主義帝国の総本山として近世資本主義時代の支配者であった事実についていまさら一言の必要もありません。ただしかしここで特にご注意置きを願いたいのは、かつては世界の工場として世界の機械工業生産を独占することによってその強大比なき金力を養い得ましたところから、一転して世界の銀行となって世界の金融的支配者となり、同時に世界支配の実権を過去幾年かにわたって掌握し得んがために、彼女はもちろん一切の彼女の誇とする「ポンド」に捧げざるを得なかった事情のそれであります。即ち彼女の政治は「ポンド」政治であり、彼女の外交は「ポンド」外交であり、彼女の教育は「ポンド」教育であり、そして申すまでもなく彼女の経済は「ポンド」経済であることに徹底し尽した一事であります。しかし彼女がそのために払わねばならん犠牲は決して少なくはなかったのであります。そしてその犠牲の最大なるものは彼女が自由の国土の基礎を捨てたということであります。従ってその完全な国民社会的存在を葬り去ったということであります。もうひとつ言葉をかえて申しますならば一切の主動勢力をロンドンに集中して、世界に対する寄生虫状態を構成するために昔ヨーマンの美しかりし農村を全く破壊し、農民を完全に亡ぼせし一事であります。しかしながら英国はその結果どうなったのでしょうか。またどうならねばならないと思われるでしょうか。この如くにして購わねばならん報の彼女に対して、全く呪われたるものであらねばならんことを知っておった者は誰それ天のみでしょうか。国民的必需食糧品の4／5以上を海外に仰がなくてはならない英国をして、世界大戦勃発とともに上下を挙げてあの世界的沈着を失わしめしものはけだし食糧品問題であったという事実は、今なお多くの人々の記憶に残っておるところだろうと存じます。さらにドイツがベルギーを侵犯して一挙カレーへ向った時、それを死守せんがために国力の最後のものを以てするの覚悟を抱かしめたものは何だったでしょうか。実にドイツにしてカレーを陥れたならば、世界大戦勝敗の結果は全く逆倒したでしょう。英国たるものその糧道のゆえのみを以てドイツの軍門に降らねばならなかったかも知れんのです。それがご承知の通りに天運は彼女に恵むにうれしき微笑を以てし、事なきを得ました。しかし、事なくして終った今日依然として国民的食糧の４／５以上を輸入に仰がねばならないような状態を以てして、よく依然として事なきを得るかどうか。今や彼女の社会的不安状態がいかなる性質のものであるかは世界周知の事柄に属しております。彼女の落ちぶれゆく長者の寂しき面影をどうしてつくろいおおせましょう。そして彼女の悩の最も大にして奥深きところのものは、とりもなおさず彼女の農村破壊、農民滅亡、即ち国土を捨てたるところに出発するものといわねばなりません。完全国民社会的存在を犠牲にせしところに存するものといわねばなりません。実に我々の見るところに従えば、かのやせ衰えたるガンディー尊者の、巨大なランカシャーの大工場と並べ置かるるならば、九牛の一毛にも価しないだろうところの手挽紡績車がランカシャーの巨大なる工場をたたき伏せ、全英を葬り得ないという理由の決定的なものを発見し得ないのであります。また以て英国の明日を卜するに足りるものといわねばなりません。今この如き英国の状態を隣邦フランスのそれに比べますとどうでしょうか。

　フランスが大革命を以て近世史の始を飾ってから、近世史の終りをなす世界大戦にいたるまでの間、フランスは常にその始とは全く似やらぬ勢を示し続けてまいりました。世界の支配者、大英帝国のために常に全く圧迫され、あまつさえ新興国ドイツに城下の盟さえあえて強いられて、かつて我々の目にはその前途を危ぶまずにおかれん如く映ってさえおったのです。事実我々はその幼なかりし日に大英帝国を学ばねばならん所以を教えらるるのかたわら、必ずあたかも亡びゆくだろう如くフランスを語られてきたのです。そして我々の絶対多数者は大戦後におけるフランスの世界的指揮力を今日といえどもなおよく理解しておらんように思われます。にもかかわらずフランスは常に世界の指導的立場にいつの間にか立っておるのに我々はただ驚かせられざるを得ないのであります。そして我々をしてその何故にしかるやを考えさせずにはおかないというのです。もちろんフランスの戦後に示せる国民社会的弾力性の強靭さを養っておる要素はひとつでないに相異ありません。しかしこれを国土を捨てたる、農村を破壊せる英国、従ってさらに完全国民社会的存在を犠牲にせる英国と対照する時、何よりも先に目にとまるものは英国と正反対なる状態を保ってまいりましたことであります。フランスは英国の如く決して農村を破壊し、国土を犠牲にして世界に寄生するようなことをいたしませんでした。常に農村を保護してまいりました。例をあげますと、フランスにおいて農業人口と英国とを比較して見てもすぐわかります。英国は僅々1割2分を保てるに過ぎないのに反して、フランスの農業人口は全人口のほとんど半ばしておるのです。しかもその半ばせる農民の生活状態はあらゆる方面より見て日本の悲しむべきそれと日を同じくして論ずべき性質のものではないのであります。ゆえにこそ現在の如き国民社会経済的弾力性でありまたはフランスの強さであるのであります。即ち国土を離れざる富、換言すれば農民大衆の手に蓄積保有されたる富は最も安定せるものであって、いうところの景気変動の支配よりも最も遠きところに置かれ得るということを考えて見ただけでもこの間の事情がうかがわれると存じます。そしてさらに大戦に当りヴェルダンの守り堅かりしものは愛国農民のゆえであると言わねばならないのであります。そして目下ヨーロッパをリードしアメリカさえ動かしつつあるフランス現在の強さはその国土の強さであり、しかる時にまたその国民社会の完全性であると断ぜざるを得ないのであります。しからば人類の将来に大いなる暗示を投げつつあるロシアはどんな具合でしょうか。

　もちろんロシアについて語るべきことはいかなる方面よりするも慎しむべき事柄ではありましょうが、実に敬服に価する緊張と努力を以て建設戦に従事しておるのにかかわらず、国民の窮状はあまりにも甚しいようです。世界に声を大にして呼号せるいわゆる5ヶ年計画遂行の後彼女に恵むに運命は最も悲惨なる国民的欠乏を以てしないだろうかを憂えさせられないわけにはまいりますまい。そしてそれに対して決して理由がないというのではないのです。何とならば、いかに生産力の世界市場を脅かすに足る大工場を樹立し得るにしても、それを以て直ちに国土の開発と、国民社会の完全性を買い得るものとは申されないのです。それと同時にもしも国土を忘れ、国民社会的存在を無視してまで偏大産業主義の如きものを極端に発展せしめて他を顧みることがないと申しますならばその結果たるやまことに恐るべきものが控えておるものと断ぜざるを得ないのです。ロシアたるものかくの如き愚をあえてするようなことはもちろんあり得べきことではないでしょう。しかしながら、国土の根本より着々と築き直し、国民社会的完全性を目標とすることを忘れ、現に採用せるが如き対農政策の如きものを一新することができませんければ、ロシアは、その対農政策の失敗のみを以て破局に瀕せざるを得ないでありましょう。

以上のようなわけで我々の見解の空虚な非現実論でないと同時に我々の主張が世界の大勢の指し示すところに依るものであることをほぼ明らかにすることができただろうと信じます。かようなわけで日本も世界の大勢に従って方向を転換せねばなりません。即ち我々も我々の主義を提げてたたざるを得ない次第ですが我々の主義を貫くものは愛国同胞主義革新運動にほかならないと信じております。次に愛国革新運動の絶対性を国内の実現【「現実」か】に照して考えねばなりません。

《解説》

ここでは孝三郎はまず現状の世界情勢に対する認識を語っています。第1次世界大戦は西洋唯物文明の没落であり、営利のみを追求する経済も限界だから、国民主義に還らなくてはならない、国民的共栄生活に再編されなければならないというわけです。そしてそのために自治が必要だというのです。国民主義に還ることが必要だが、それは独裁的権力によって建てられるべきものではありません。調和、統一が必要なのです。だから愛国同胞主義によって自ら治め、自ら給する（自治）ことを求めるのです。

「自治」とは権藤成卿や橘孝三郎に特有のキーワードで、ムラなどの地方共同体による連帯を重んじる考えです。思想史的に言えば、大正時代後半ごろから、普選運動や労働運動の高まりとともに、政治権力に独占される政治から、平等や連帯によって彩られる社会に関心が移ります。互助と連帯に基づく社会を重んじる動きは、いわゆる大正教養主義によるもので、リベラル知識人に主導されるものでしたが、右派運動にも大きな影響を与えます。なぜなら明治時代以降政府は文明開化の名のもとで西洋化に突き進み、本質的に日本を忘れていたからです。かろうじて日本を残しているのは政府権力ではなく、むしろ中央に経済搾取される地方の側にありました。そこで権藤や孝三郎のように、権力を相対化し地域の連帯に期待する動きは右派からも起こるのです。

本章は国民的連帯が必要だという認識のもと、孝三郎はイギリス、フランス、ロシアの現状に対して評価をくだしているわけですが、これが興味深いものとなっています。

まずイギリスです。イギリスは近世資本主義の支配者で、金融的支配者となったためにかえって脆弱化したというのです。イギリスは金融化するために農村を破却してしまい、食糧を海外に依存（4／5）するようになったからダメだというのです。

続いてフランスに対する評価です。フランスは当時弱いとみなされていたようですが、イギリスのような農村破却の愚を犯さず、農民は人口の半分もいるので、実は強いのだという評価なのです。

ロシアについても低い評価をくだしています。ロシアについて触れられている５ヶ年計画とは、スターリンによって行われた第１次５ヶ年計画を指すものと思われます。この当時のソ連は純然たる農業国で、農業生産は前近代的技術によってなされ、国民の約８割が農民だったともいわれている状況でした。第１次５ヶ年計画は農業国であったソ連を工業国に転換するために行われ、農業においては「コルホーズ」と呼ばれる集団農業が促進されました。要するに第１次５ヶ年計画とは農業を集約し、その余力を工業化に注ぎ込もうというものだったのです。孝三郎は食料生産を犠牲にして工業化を進めたソ連の政策を「悲惨なる国民的欠乏」が訪れると厳しく批判しています。産業主義に偏り、国土を忘れているソ連は破局するというのです。実際当時のソ連では飢饉が発生し、４００万人から６００万人が死亡したとも言われています。

さて、現代日本の農業政策もまた、集約化を奨励し、また「稼げる農業」などと称して高級果物の生産などを奨励しています。しかし果物を主食とすることはできません。現代の新自由主義的農政は基礎的な食料品を輸入することが前提となって成り立っているのです。これではいざというときに大変なことになります。孝三郎は『農業本質論』で以下のようにいいます。

「農家は都市の製造工業家の如く営利主義精神によつて一切を合理化するやうな事は到底許さるゝものではない。大自然はあまりに人の小さき智慧を超絶しておる。生命力の神秘性はあまりにも合理化を云々すべく不適当である」

「農家は資本家的企業家ではあり得ない。即ち賃労者の労力を市価で買取つてこれから剰余価値を搾取するやうな事は本則として許されない。同時に自己の労力を賃労化して他に売却するやうな事もなし得ない」

農業を、工業などのような労働効率や市場の論理で考えると必ず間違います。日本に限らず、主食となりうる農産物を作って利益が出ることはほぼありません。補助金等がなければ主食は作れないのです。農業は市場原理だけでない側面を持っています。古くは化学肥料の発明から近年の遺伝子組み換え、ゲノム編集にいたるまで、人類は農業を市場原理に乗せられる産業とすべく技術開発をしてきましたが、それは深刻な環境破壊とグローバルアグリビジネスの跋扈しか生みませんでした。農業を市場原理に乗せるのではなく、市場原理を超えた農業論が必要とされているのです。

そして現代日本は孝三郎が批判した当時のイギリスと同じく食料自給率も低く、農村は荒廃しています。果たしてこれで国が保てるのか、食糧危機が叫ばれるいまだからこそ、真剣に考えるべき時ではないでしょうか。

第2章　国内の実状

富国強兵は国家存立上の根本条件たるや論なきところです。そして富国強兵の実は、機械発明、大産業の発達、通商貿易の発展等によって促されたる大都市の異状なる膨張と、それに逆比せる農村の最も惨憺たる荒廃と同時に「大都市に巣食う特権者及び財閥の連合支配力」の強大化確立の下に見出さるる一般大衆なかんずく農民大衆の瀕死的貧困化とによって挙げ得るものであるや否やも論議の必要毫末《ごうまつ》もございません。富国強兵はただ一国の成員各自がよくその職に安んじ得て、その国のためにその職責を至誠以て果し得るの状態においてのみ期すべきものと申さねばなりません。即ち教育家たると、軍人たると、政治家たると、労働者たると、農民たると問うところではないのです。相互信頼よく愛国同胞の大精神の上に各員その拠るところに従って国のために至誠以てその任務を尽し得ると同時に、しかなし能う如く一国よく整正、調和、統一を得たる状態においてのみ強国強兵の実は望み得るのみです。もしこれに反して各員愛国同胞の大精神を忘れ、そして国家の整正、調和、統一が失われるならば、国は一日も富国強兵の実の上に泰山富岳の安きに置かるるものではなくて、ただ滅亡あるのみです。かくて亡びしものにギリシアあり、ローマあり、さらに今また大英帝国あろうとしておるのであります。かようにして亡びなくてはならないこれらの国々が、いかに亡びなくてはならないかということの顕現を我々はこれらの国々が一国存立の基礎にして根幹たる、といわんより国土それ自身である農村を全く破壊し去りしところに発見する。実に愛国同胞の大精神なくして農民なく、一国として整正、調和、統一されたる完全国民社会なくして農村あることなく、その逆もまた真であります。由来農村栄えないで兵強かりしためしもなく、兵強からずんば農はよくその農たるところを国家のために農たらしめ得たためしもありません。この事実は東西古今その揆を一にしておるのでありまして、兵農一致して富国強兵だったのです。しこうして兵農一致、富国強兵の実はかつて愛国同胞主義大精神の存するところ、しこうして整正、調和、統一されたる国民社会のあるところにおいてのみ発見し得べきこと上述の通りであるのであります。しかるに日本国内の現状はどうでしょうか。

思えば痛憤、憂慮のあまり発するに言葉すらありません。悶々の想はただ涙となるばかりです。権門、財閥、政党者流のなすところの如きものを浩嘆するが如きことは愚の極です。日本の現状たるや実に盲者が朽ちたる深渕渓谷の一本橋を渡るにも等しいのではないでしょうか。しかもその危機のどこに存するやを知らんのです。また知らんとも欲しないのです。国土の根本を堅うし、国防のそれを双肩に担える日本農民５５０万戸３０００万大衆の現状はどうでしょう。しかもこれあるがゆえにこそまた日本のこの窮状だったことにほとんど誰一人心付かんというのではないでしょうか。かくてあらるべき日本であるかどうか。

自国の国土を捨て何の国外経綸があられましょうか。東洋の平和、世界再建の聖戦があられましょうか。道はいかなる場合といえども近きよりせざるはないのです。足もとを忘れて遠言に及ぶべからず。しかるにかかわらず日本自国の内状はこの通りです。

どこに相互信頼がありましょうか。いかに健全にして充実せるの状態があるのでしょうか。どこに神聖に犯すべからざるの存在が見られるのでしょうか。かくて日本の明日如何は知るべきのみです。事情の急迫は文字通りの焦眉です。一日も早く、一刻も猶予を許しません。何とかせねばならんのです。かくて我々は愛国同胞主義精神に甦らねばならんのであります。そして

愛国革新の大運動！

そしてその決死的動行【「行動」か】へ躍進することに一刻も猶予すべからざるところです。

《解説》

孝三郎はここで富国強兵を国家存立上の根本条件であると述べています。富国強兵は農村の荒廃、一般大衆の貧困化の状況では達成できないという認識の元、一国の成員各自が安んじ得なければならないと主張します。兵は農村から産まれるので、兵農一致してこその富国強兵であり、そのためには愛国同胞主義による大運動が必要だというのです。孝三郎にとっての「富国強兵」の認識は、一般的なものと少し違っていることがわかります。一般に富国強兵といえば産業を興し資本主義化を進めることが念頭に置かれますが、孝三郎にとってはそうではなく、農村を大事にして「兵」を産み出す農村を重視しろというのです。いわば強兵に力点が置かれた富国強兵論です。

孝三郎と並び称される当時の農本主義者に権藤成卿がいます。権藤は大化改新によって実現した「公民自治」を理想に据え、資本主義の中央集権排除を主張。政治組織は農村を中心とする自治制にし、それを天皇がゆるやかに統合する体制とするべきと原理的に説いたのに対し、孝三郎は農村自治を主張する点は権藤と同じであるものの、権藤ほど復古的、反資本主義的ではなく、また、ある程度機械工業や経済を統制する国家権力の存在を認めているところに特徴があります。

権藤については孝三郎自身が言及している箇所が後に出てくるため、その時に改めて語りたいと思います。

第2篇　日本行詰の根本原因

第1章　マルサス主義批判

前ほど申し上げてまいりました通り、日本の現状は盲者か断崖の朽ち古りた一本橋を渡っておるようなもので、とても見ておられません。申すまでもなく一日も早く何とかせんければなりません。ところがこれを何とかせんと欲するならば最初にどうしてかように相成ったかという問題を解決せねばなりません。病人に対する時と少しも変りはないので、診断に成功せずに薬はもれません。それゆえに何より先に日本のこの瀕死状態はどこに原因しておるのかという問題を片付けなくてはなりません。そこで私どもは直にそれに取りかからねばなりませんが、私は私の説を申し上げる前にこの社会病の診断として一般に取り入れられている説の代表的なものについて考えてみる必要を認めます。するとその代表的なものとして2つを取り出すことができます。即ち1はマルサス主義でありほかはマルクス主義であります。

社会病即ち大衆の貧困化に対するマルサス主義説明がどんなものであるかはみなさまのとくとご承知の如く、かつ取り早く申せば、人間はやたらにふえていくのに、人間の食物はそれに比例してやたらにふえるものではない。従って人間はそのために用意された食物が許す範囲以上にふえることはできないので、それ以上ふえると疫病だの、戦争だの、飢饉だのいう天災不幸が人間の頭上にふりかかってくるので、人間が貧困に陥るというのも要するに人口増殖と食物増産間に横たわる速度の不調和からくるものであって、これを除かんとすれば自ら人々が無謀な結婚をしたり、やたらに子をこしらえないように注意するか、しからずんば自然に天災不幸によりて調節を受けるほかないのだと、ざっとこんなに説いておるのがマルサス主義の言うところです。

ところでこのマルサス主義を日本の現状へ当はめている日本の論者の言うところを聞くとおおむねこうなる。「日本の人口は毎年１００万人近くもふえていく、日本の人口増加率は世界一だ、しかるにかかわらず日本は山岳国で耕地の人口割合にして少ないことでは世界一である。田畑合せて６００万町歩、即ち１００町歩当り１０００人というのだからたまらない。これではとてもやりきれないのが当り前だ。大衆が殊に農民大衆が困るのはこの耕地の狭少なるによるもので、これを救うには海外発展のほかない」。とこんな風に申します。そして大分多くの人々が、特にみなさまのような軍人方がこう信じておるように思われます。が果して真理でしょうか。

なるほど日本の耕地は田畑合せて６００万町歩しかありません。しかしこの耕地面積はこれ以上日本の天地が開拓を許さんがゆえにこんなに狭いのでしょうか。全体この６００万町歩の面積は日本全積に対してどれだけの比率を有するかと申せば僅々1割5分8厘とされておるのでありますが、最近この農村不況とともに減退の傾向にあるのです。しかるに山林地帯は5割以上になっております。日本はなるほど山岳国でありますが、高い山といったとて高が知れたものです。スイツルランド【スイス】のような国ですらなお耕地面積は2割6分以上になっておるのであります。日本がどんなに山岳国でも5割強を有する山林地帯において３００町歩や、４００町歩の耕地を開拓するのにこと欠くようなことは断じてないのです。ご承知の通り我が茨城県の如きいたるところに平地に山林が連なっておりますので、これらはいずれも開拓すれば耕地となりますので、いくらでも食物を供給し得るのです。日本は山岳国だ、耕地がない、だから米が不足するのだ、朝鮮や満州辺りでこの欠を補わねばならん、なぞということはこと食糧問題に関する限り絶対にないのであります。「でも日本は最近年々５００万石ぐらいの米を輸入しておるではないか」とこうみなさまは申されるでしょう。そうです。しかし、耕地が日本は山岳国で自然的にこれ以上開拓できないからのみこの米の輸入だということにはならないのです。ほかに原因はいくらでもあるはずです。私は今この耕地面積狭少以外の米の輸入の原因をこれからたずねようとしておるのですが、その前に全体この５００万石の米はどれだけの面積があれば足りるかということを調べてみましょう。

まず５００万石の米はどれだけの水田面積があればこと足りるかということを考えてみるならば、25万町歩あればよろしいです。即ち日本水田の反当り平均穀収高は2石ということになっております。ついでにご参考までに申し上げおきたく思うのは、日本の水田はけだし世界一の穀収率を示せるものとして日本農業のいかに優越せるものであるかを物語っておるかという事柄です。ヴォイチンスキー氏の「数字の世界」によりますと、１９２５年において３１３万２０００ヘクタールの平積においてよく1ヘクタール平均33・2ドッペルツェントナー、（1ツェントナーは１００ポンド。なお1ヘクタールはおよそ1町歩）即ち1町歩19石ぐらいになっておるのですが、世界の米の産地として知られたインドでは1ヘクタール平均14ドッペルツェントナーでありますし、朝鮮は15、台湾は27という風になっておって日本は断然世界一です。（もっともイタリア及びスペインは日本以上ですが作付面積がまるで問題になっていませんから比較にはなりません）こんなわけですが、さてそこで、25万町歩の水田開拓を日本内地の自然が許さんだろうかどうかという問題であります。この問題はお答え申す前にあまりにも解りきった事柄だろうと存じます。なるほど日本は山岳国です、その山岳たるや本州始め五大州いずれも中央に分水嶺をなすもの、以ていよいよ水利の世界に冠絶せるものを恵む所以です。即ち山岳国なるがゆえに水利いよいよ多く、水利いよいよ多くして水田いよいよ多かるべきこと自明と申すべきのみ。日本の天地自然がいかにけちん坊でも25万や30万町歩の水田を開拓するのにこと欠くような事情はどこにもございません。マルサス主義的人口食糧問題は、他日はいざ知らず、こと今日に関する限り、問題にはならんのであります。目下我々は今日の問題を問題といたしておりますので明日の問題を問題としておるのではございません。さてそこで今日の問題を問題とする限り、さきに申し上げた５００万石の米の輸入の如きは、現耕地をそのままでさえ解決するに易々楽々たるものです。何故とならば私はただいま日本水田の反当り平均収穫高は2石なりと申しましたが、これを2石5斗となし、３石となし、あるいは4石となすに決して不可能とは申されんからです。不可能どころかもし、農民が2石5斗とり、３石取って、取れば取るほどその純収入を増すというならば一斉に取るように立ち働くことは最も明らかな事柄です。そこで2石5斗とれば３００万町歩の水田ですとすでに７５００万石でけろりとことは片付いてしまうのです。なら何故日本は５００万石の米を輸入するのか。

理屈にとらわれないで少しくことの実際についてお考えくださることが何よりだろうと存じます。いくら百姓でも空拳を振って百姓はできんので、まず俗にいうカブという奴が必要です。ところで日本の農民は親譲りのカブをもっている百姓ばかりかと申せばその正反対で、日本の小作の発達は世界でも有数です。ところで百姓に耕地はご承知の通り軍人の軍艦大砲です。ところで百姓にとって命から二番目に大切の耕地が日本ぐらいとびぬけて高い相場を持っている国はありません。デンマーク辺りの進んだ農業国でありながらあちらでは1町歩５００円も出せば立派な耕地が手に入るそうです。ドイツの如きは戦前政府買上の標準相場が1町歩２５０円所、しかも小作料は売買価格の3分を越ゆべからずとされております。しかるに日本の耕地売買価格になりますと、昭和3、4年度で1反歩上田７００円、中田５００円、下田３００円所、上畑５００円近く、中畑２５０円、下畑で１５０円見当になっておるのです。これじゃあいくら米を作りたくとも、百姓をやりたくとも手が出せないではありませんか。いや、いくら高くともさしつかえありません、引合っていくのなら。ところがどうです、こんな馬鹿げた高い耕地を借金して買ったとしたら。日本の農業金融の利子は1割にもなっておるのです。下田３００円のものを1割の利子で買ったとして、2石ずつの米を取るとして、目下の相場は15円です、すると30円利子を支払ったら何にものこらんではありませんか。肥料金はどうしたって7円から10円かかります。するとこの金だけはぶちこまねばならんということになる。それが７００円の上田なら70円の利子です。つまり命から二番目の田地を借金して買ったら最後命を取られるというのです。みなさま方はこうした方面の事情をよくご存知ないでしょうからお驚きになるでしょうが、これが嘘も偽りもない実相です。

ところでこれを金持って土地を買占めたり、米を買占めたりする人々の方から見ると事情は全く逆さです。

つまり５００万石の米の輸入は人為的にさえこしらえ出さねばならんのです。即ち年々５００万石見当の不足は米を石30円に保つ唯一の方法だったのです。日本の小作面積は水田１６０万町歩ということになっておりますが、反当り1石ずつの小作料です。すると１６００万石です。ところで全収穫高を６０００万石とし、うち３０００万石は自家消費とし、３０００万石を社会に提供しておるということになるわけですが、その半分を販売し、その半分が小作米だということになります。米の相場の高騰がいかに地主を喜ばせるかは二言の必要もありません。しかし米相場の高いということは地主の喜びばかりではもちろんありません。肥料屋も喜べば、誰もかも喜ぶのです。そして何よりその手下として地主が最も重要な部分を占めるであろうところの中央の大金融業者どもです。何とならば、土地の資金化ぐらい確実に金利の上る源泉はほかにないからです。百姓くらいより利子を支払う連中もほかにないのです。百姓は今でも金貸業者、いや、人非人なるアイスをつかまえてさえ呼ぶに「ダンナ様」なる語を以てしておるぐらいですからなあ。こんなわけで好んで金融業者は耕地に貸付て行ってきたのです。目下農村における不動産担保による貸付金額は30億以上にも及ぶということになっておるので、しかも１割以上の高利を以て借りているというのです。百姓はやりきれんが、金融業者はこたえられない。それで米を高くつり上げて米の売買でうんと儲けるというのだから益々こたえられないわけです。それだけ程度で一般民衆はやりきれないのですが、なかんずくやり切れないのは米の高いのを喜んでる百姓だったということに一般百姓は少しも気付かんというのです。「無智にして亡ぶ」と申しますが至言といわねばならんと思われます。

以上のようなわけで多少の実情がおわかりになったろうと存じますが、こんなわけで日本の百姓は哀れにも自分でとっている米を自分で思うように食えないという悲しむべくかつ恐るべき状態になげこまれておるのです。かようなことは日本の名誉と平和のために語るに忍びないことですが、もうかくしてなぞおかるべき時ではありません。最近私はこんな話を聞いて驚きました。「日本の百姓は4月、５月になると新穀を食う」という話です。

4月に新穀が取れるわけはもちろんありません。私も何のことかわからなかったので説明を求めましたところ、こんなわけです。最近地方の肥料商が容易に掛売りをせんようになっている。つまり貸すととれないし、問屋の請求ははげしいというところから現金取引を励行しておる。で小作人は止むなく食米として用意しておいたものを売却して現金を用意してもっていく。だが米を食わねばもちろん生きていけないから、売り払った米だけは村の物持ちから、10月の新穀を先物質にして借りて食うほかないというのです。これを4月、5月に新穀を食うと申すのだそうです。ところで来年はその新穀食始めの時期は必ずや4月からあるいは3月、2月へ進むにきまっておるのです。さらにその率が増加します。そうでなければ1年4億５０００万円の負担、50億万円以上の借金の利払いはまず不可能だったのです。

まことに不思議な話ですが、満州の高粱または粟が朝鮮米を追い出します。朝鮮から追い出された鮮米はどこへいくかと申せば日本へ来ます。日本へ来て大都市のルンペンばかりの胃袋にもぐりこむと思ったら大間違です。日本の農村へ流れ込んでくるのです。そして日本農村から日本米を追い出します。追い出された日本米はいずれも大都市の米のなる草もご存知ない偉い方々の食膳に一等米として運ばれます。そしてその残りが深川辺りの米倉へつめ込まれておること、３００万石４００万石というのです。古いのになると4年も5年ものがあるという。毎日毎日穀象【コクゾウムシ。稲の害虫。どうしようもない連中をコクゾウムシに例えているか】の失業救済の目的に叶うわけだろうが、傭われた街のルンペンが幾台かの車で一日幾回か倉庫外へ捨てておるということです。傭われぞこねたルンペン君の1人2人が時に倉庫の柵に首吊りをしておるかも知れません。しかも急調を以て下落していく米価を吊上げるためにその米倉を空けねばならんのだが、どうするかと申せば御用商人がまるで価無しで払い下げてそれをシナへもっていって不当廉売と出掛けるというのではありませんか。シナ市場がそれでひっかきまわされる。安くなった外米が皮肉にも、日本の御用商人がシナへ積出しておる横浜の埠頭から日を同じうして日本の農村へ運ばるべく荷上げされるというではありませんか。事実日本の農村の農民の手には米は少しもないのです。ならなぜうんと取らぬかとみなさまは申すでしょうが、６０００万石で足りるところを７０００万石取ったら最後値なしになるのをどうすることができましょうか。みなさまもほぼ人口食糧問題が捲起されるわけがどこにあるのか見当がお付きのことと存じます。事実日本の百姓は米を作っていながら自分の米が食えないほど困っておる。これは日本が山岳国で耕地が少ないのでも、日本の人口がやたらにふえるからでも何でもない。要は社会の仕組、立前が悪いということになる。そこで私はなぜ一般大衆が困るか、という問題に就いてマルクスの説くところを一応調べて見なくてはならないと思う。

《解説》

マルサスは『人口論』を著したことで有名な経済学者です。マルサスは『人口論』で、食糧は限りがあるので、人口過剰により貧困が発生すると説きました。古典派経済学を代表する経済学者で、貧困の社会的救済には否定的な学者でした。

しかし、日本におけるマルサス受容には違った側面もあります。日本における『人口論』受容に大きく寄与したのが、後にマルクス主義的経済学者となる河上肇による『貧乏物語』だからです。河上はマルサスの『人口論』を引きつつ、再分配ができていないから貧乏人がなくならないという意見を「間違い」だと断言します。少数の富者に物質が分捕られているから駄目なのだという意見を排斥し、原因は現在の経済の仕組みの「根本的欠点」にあると説きました。「需要」とは購買の可能性のある人の「需要」であって、貧乏人の欲しいものは需要とみなされず、富者が求める奢侈品ばかり需要となる。だから富裕層は贅沢を戒めなければならないというのが『貧乏物語』の論旨です。

マルサス

おそらく河上はマルクスを引用すると官憲による弾圧を招くことになると警戒し、あえてマルサスを使って経済的弱者救済を説きました。

孝三郎のマルサス『人口論』批判は、マルサスの原典的理解に近いものとなります。「大衆が飢えないためには海外進出が必要」という意見を孝三郎は批判します。孝三郎は、海外進出よりも田んぼ当たりの生産力を上げ

ることが大事だと説いたのです。

孝三郎は言います。農地が金融商品化し、高額に設定されることにより、農民は借金まみれとなりました。たとえ米相場が高騰しても、地主や都会の金融業者を喜ばせることにしかなっていません。金融商品となった米は農民（小作人）を利子を払うだけの存在にさせています。日本の百姓は、米を作っておきながら、米価を商人が釣り上げるのでコメを食べられません。商人はコメ相場を吊り上げるために中国へ持っていき廉価で販売し、満洲の高粱、朝鮮米が日本の農村に流れ込んできているといいます。

上の写真は、当時の農村の状況を表した有名な写真です。農村では貧乏によりコメが食べられず、子どもたちが大根をかじっている図です。よく5・15事件の背景に農村の窮乏化があったと説明されますが、なぜ農村が窮乏化したのかといえば、それはこういう背景があったのです。それは今日にも通じるものがあります。食糧が商品化されれば、商人ばかりが儲かり、農民は疲弊します。グローバル化の弊害は農村の疲弊につながるのです。孝三郎は農村恐慌で立ち上がるしかない状況におかれた農民の姿をつぶさに見ていたのです。

2章　マルクス主義批判

マルクスはご承知の通りマルサスとは全然ちがって、大衆の貧困化の原因を社会組織の内に求めております。この点私もマルクスの卓見に従わずにはおられません。しかしマルクスは社会組織成立の根本条件を経済関係に置くので、殊に生産方法の変革と、生産関係によって社会は変革され進歩発達するものであると見ております。従って大衆の貧困化の如きも全く生産方法の進歩と生産関係の変革に基くものだと見ております。さてそこでマルクスの説に従うと、社会はただいまにいたるまで経済的に見て大体三段の進歩を遂げておる、即ち最初は自足経済時代であって、物は一切各自の消費の目的のために自らの力に訴えて生産されておったと同時に、その生産方法も原始的な家族的に各々独立せる手工業的方法によっておったので、人々はいわゆる原始共産体社会を組織しておったのでありまして、この状態の下において人々はいわゆる搾取という事柄を知らなかったのです。ところが生産方法の進歩とそれによって持ち来らされる社会組織の変革とは人々を原始共産体状態に生活せしめておくようなことはしない。原始的な独立せる手工業に取って代わるべく、協業的家内工業にうつらざるべからざることはけだし人類生活進歩の必然によるものと申されればならんところのもので、やがて協業的家内工業は独立手工業に取って代わるべきものであったのです。即ち16世紀にいたるとようやくその勢が盛んになってきて、家内工業は手工業に取って代わると同時に生産はいわゆる自己消費の目的より交換の目的に向けられるにいたったのであります。この間原始共産体社会は封建社会にうつっていくのでありますが、かくてようやく資本の力が発生するにいたりました。即ち人々は自足経済状態において自己消費の目的のために物を生産しておる間、富の蓄積と蓄積さるべき余剰とを知らないのでありますが、それが社会の進歩及び生産方法の改善に伴って漸く自己消費の目的のためでなく、交換目的のために物を商品として生産するように相成りますと、より安き価を以て生産に従事してより高き価にて売れる商品を造り出すことができるようになって、ここにある余剰を収むると同時にその蓄積ができるようになる、同時に蓄積されたものは資本となってさらに大なる余剰を孕むようになってまいります。ところで一切の交換において、各個人個人に分けられる分け前には差額が生ずるものですが全体から見ると交換によって富は増減するものではないというのであります。そして理屈から推すとその通りだとも申せます。即ち商品の交換は常に等価を以てされるので、その間に富の増大、換言すれば資本の増大ということはないということになるのです。ところが生産方法の進歩とともにここに特別に安き価で市場に提供され、かつそれをもとにしてより大きな価を造り出すことができてここに余剰を孕む資本を蓄積せしめるところの特別な物が生れてくるようになる。その特別な物とは何かというと労働だということになるのであります。もともと一切の価値は労働の具体化されたものにほかならないのであります。この理法を認めなくてはならない限り価値はそれを造り出した労働に帰さねばならんということに相成りましょう。ところが労働は労働手段なくして決して価値たり得ないということも自明で説明を要しますまい。しかるに生産方法と生産関係の改善進歩からして社会組織が変化してまいり、ついに生産手段を独占する少数の者と、生産手段から切離されて自己の身体に宿る労働力のみを生産手段を独占する者に買ってもらわねば生活し得ない者とが対立するように相成らねばならんのであります。即ち一は資本家であり他は無産労働者であります。そして富は資本となって少数者の手にどしどし蓄積される一方、それに正比例して大多数はどしどし無産労働化されなくてはならないということに立ちいたらねばならんのであります。即ち生産手段を独占し、安き労働を買い入れて資本蓄積を極点にまで発達せしめてゆく少数の資本家と、それに対立して生産手段より切離され従って最低度の生活を許される報酬によって自己の身体に宿れる労働能力を商品化して資本家に買ってもらわねば生きていけない大多数の労働との対立関係、換言すれば階級対立激成を見るにいたるのであります。この階級対立関係を確立してここに資本主義社会出現を持ち来らした原動力は近代的大産業の革命を可能ならしめた機械そのものにほかならんのであります。即ち工場組織による生産方法及び生産関係は家内工業と封建国家を止揚して、資本主義国家を生むにいたるのでありますが、それが現代資本主義社会にほかならないというのであります。資本主義社会において、資本は万能の威を振います。しかも資本は少数からさらに少数者の手に一手に集中蓄積されていくのだが、そうなればそうなるほど機械は精巧と偉大さを加えていくので、それだけ程度で労働者を不必要とするにいたるべく、その一方無産労働者はどしどし増加していくとともについにはその労働者がいらなくなってきて失業せざるを得なくなるのは当然のことと申さればなりますまい。ところで多数からさらに多数になっていく無産労働者は共食いを始めて互いに賃金をせり下げてゆく、それでもおっつかないで失業する。ゆえに無産労働者なる大衆の購買力は極度に減退してまいるのは当然過ぎる事柄です。しかるに機械の改善設備の拡張は工場生産を驚くばかり高めていきますからここに生産過剰が発生し、恐慌がまきおこされて、失業者はいやが上に膨張していかないわけにはまいりません。これが即ち過剰人口の生ずる原因で、これが大衆の貧困化の根本原因だというのです。以上が大体マルクスの大衆貧困化の説明ですが、これによって彼は将来に対して大体次のように考えておるのです。即ち資本家的生産方法は大衆の貧困化によって必然的に自己否定を遂げなくてはならないだろう。そして自然の勢に促されて資本家的生産方法は大衆化されなくてはならない。即ち資本主義社会は社会主義の社会にうつらねばならない、かくて社会は資本主義の段階を経て社会主義のそれに進歩するものであって資本主義の現状は進歩の一段階として必然に通過せねばならんものだと説いておるのであります。

　ここで前に申し上げたマルサス主義とマルクス主義を対照してみると両者の相違がなおはっきりしてくると思います。両者の相異として何より先にお気付きになることは、マルサス主義の方は大衆の貧困化を大自然に帰しておるのに反して、マルクス主義の方は社会関係に見出そうとしておるのであります。そして我々としてはもちろんマルクス主義に従わねばなりません。ちょっとついでながらご注意申しておきたいのは今私は学としてのマルクス主義だけを問題にしておるので、マルクス主義者の社会運動の如きを少しも問題にはしておらんのですからそのおつもりできいていただきたい。そしてこれから学としてのマルクス主義がどんなに目下の日本の状態において大衆の貧困化の日本的なるものに対して当てはまるかということを批判することにいたします。

ただいまも申し上げましたように、この日本の大衆の困るのはマルサス主義が唱えておるように、日本の自然に帰することはあまりに採用できないことであって、これはマルクスの指摘しておるように社会の制度組織の欠陥にありと申さねばならないと私も信じておる。しかしそれがマルクスの説くような理法に従って発生しているのかどうかになると、大いに議論がある。議論があるばかりではない、マルクス主義もまた全然いけないということになるのであります。そしていかにマルクス主義がいけないかを知るには何より農村の事情を考えるとわかるのであります。換言すれば日本の現状において最大多数を占めております農民が一番困っております。農民が困るとまた一般に全体の日本がまことに具合悪くなります。ところが日本農民５５０万戸３０００万大衆の困るのは決してマルクスの説明するようにして困っておるのではないのであります。

前にも申し上げましたように、何故大衆が困るかということは、マルクスに従いますと、それは何故少数の資本家という者が発生する一方、大多数の人が無産労働者にならねばならないかということを意味しておるものです。ところでマルクスに従うと始め手工業的方法で生産を行っていたものが、家内工業にうつると、手工業は家内工業のためにおしまかされて、手工業に従事していた多数の者は少数の家内工業を指揮して立つ親方の下に職人として働かねばならないようになるのだが、それが三転して近代的機械が発明されて工場制度というものが打ち立てられるようになると、今度は家内工業が機械工業に打倒されて、家内工業の多数者が無産労働者とならなくてはならないようになる。駕篭屋が人力車に倒され、人力車が自動車にまかされるといった具合です。その典型なるものが紡績工業でして、けだし近世英国産業革命はこれから起こったものと申されております。ところで日本の農業界でこんな事柄が起こったかどうかということをみなさまにちょっと考えていただきたい。するとそんなことは少しも起こっておらんのです。即ち日本には機械を使用し、多くの賃金労働者を使用して大規模な農業を資本家的に経営しておる者はないと申してよろしいのです。いずれも夫婦共稼ぎで、いたって小さくやっている農家ばかりでありますので、統計によりますと、1戸当り5反未満のものが3割7分、5反以上1町未満のものが3割3分、1町歩以上2町歩までが6分、2町以上3町未満が2分9厘、5町以上が僅々1分3厘ということになっておるのでその事情の一般的性質がお解りになるだろうと存じます。即ち家族的独立小農が絶対大多数を占めておりますので、大農の如きは問題でないのでありますが、日本の農村にはまたいわゆる土地労働者と称して資本家的大農経営者に労力だけを賃金化して売りつつ衣食すること都市の工場労働者と同じであるような者は少しも見出し得ないのであります。小作農といえども自己の労力を賃金化して大農経営者に買ってもらっておるのではありません。それらもまた自作小農と等しく自己の労力を売りもしなければ、また他の賃銀労力を買って農業を行っておるのではないのであります。いずれも皆家族的独立小農と申すもので、彼等は資本家でもなければ労働者でもないのであります。小作農はただ土地の使用権に対して小作料というのを支払っておるので農業経営は独立して自らの力でやっておるのです。だから日本の百姓の困るのは小さいのが大きいのに負かされて困るのだというマルクス流の解釈は付かなくなるわけです。で全く別な原因で困っておるのだということがおわかりになったと思う。しからばどんなわけで困るのか。

　なおマルクス主義が農村荒廃の原因に対する説明としていかに不適であるかということを、大農経営と大土地所有が極度に発達して、ついに農村を全然破壊してしまった英国の事情について一通りお話し申し上げておく方がよろしいと思われます。そしてイギリスの農村がなぜあんなに破壊されてしまったかということを説明するのは、イギリスに何故あんなに大土地所有、即ち上地の兼併が行われたかということを説明することになるのであります。

イギリスにおいてもほかと同じように、農村は部落的に共同体社会を形造っておったのであります。即ち土地は共有でありまして、耕作の如きも耕耘は6頭ないし8頭立ての牡牛の組ですき起し、それを各戸に可不及なきように均分しておったもので、それにあわせて山林叢原地は共有地となって村民が共同でこれを管理しかつ利用しておったものであります。ところがいかなる国たるを問わず起ることでありますが、世のうつり変りとともに最も重大な変化が起こるにいたったのであります。即ち共有だった土地が私有化されかつ恐ろしい勢いで兼併されてまいったのであります。15世紀にそれが起り、16、17と進むに従ってますます甚しくなり、19世紀には全英の有用地のほとんど全部といってもよろしいぐらいのものが少数者の手に帰してしまい、とうとう英国の農村は農村社会として消解するにいたったのであります。どうしてそうなったのか、私はその動機の根本的なものについてまず考えたい。

どこの農村でも農業の進歩とともに、一時共同作業等が破れて土地が私営化され、従って私有化されるということは普遍的に、必然的に起こることのように思われておりますが、そうして土地が私有化され兼併されたためしはいたってまれであるのであります。その根本動機は古代より現代にいたるまでいずれも個人的利己的動機から出発し、常に何らかの権力行使に訴えて私有兼併されてまいったのであります。イギリスにおいても同様で殊に17世紀、18世紀となるに及びますと、イギリスは羊毛産地としてヨーロッパにおいて独占的立場を占めるにいたったのでありますが、従って牧羊はイギリスの農業に取って最も有利なものとなり、私利目的から力あるものは村落の共有地をどしどし耕囲といって生垣を繞らしこれを私有化しかつどしどし兼併してまいったのであります。こんな事情は日本人にはちっともわかりませんでしょうから少しく説明を要することと存じますが、羊を飼うには共有地へ共同放牧をせずに、個人的に飼育せんとするにはどうしてもほかの耕作地を侵さぬような工夫が必要となるわけです。この目的のために私有化した共有地に生垣を続らしその中に羊を放ったのであります。こうして生垣を続らして共有地を私有化することを称して「共有地耕囲」と申しておるのであります。さてこの結果がどんなものをイギリス農村にもたらしたか。

まず私は共有地の重要性について二言説明申し上げねばならん必要を感ずる。それには彼我農業の相異について二言せねばなるまい。即ち日本農業は水田主穀農業であって、日本の風土等一般的自然条件は必ずしも過去において畜産を絶対的必須条件としませんのでした。しかるに英国農業はほかの国々と同じく、畜産を欠くことのできない要素としておるのであります。各戸いずれも主として牛を飼い、豚もあれば鵞《が》鳥《ちょう》もあるというわけです。これによって重要食物を得るばかりでなく、肥料を得るのであります。ところで家畜は冬期中は舎飼いたしましても、夏期は共有地に放牧いたしたのです。それによって利益しますことは、第一家畜の飼料を節減し得るばかりでなく、最も多忙を極める夏期農繁の季節に家畜の管理労働から解放されるというにあったのであります。このことは実に英国農家に取って致命的関係を有するものと申さねばならなかったのであります。このほか共有地の利用は日本の過去の如く入会地のようなものとなるのでして、ここで薪を得る、肥料の原料を得る、そして何より乾草を造ったのであります。こう考えて見ますとこの共有地の喪失は容易ならざることがおわかりだろうと存じますが、事実それなしには立っていけない小者衆はどしどし農から離れて純然たる手間取りに落ちぶれなくてはならなかったのでありますが、手間取りがない時は失業者とならなくてはならなかったのであります。かくてイギリスではマルクスがいっておるように18世紀の機械の発明によってまき起された産業革命から労働者と失業問題とが起こったのではないのでありまして、すでに17世紀以前機械なぞは影だに農村には見られない時分から起こっておるのであります。イギリスに救貧法というのがエリザベス女王の時分からありますが、主として上のような困った農村労働者の失業を救済するためだったのであります。ところがこの土地の私有化兼併は全く徹底的に行われてまいったのでありまして、それがついにどんな形をとるにいたったかの一実例を申し上げてその片鱗をうかがうことにいたしましょう。するとこんなわけです。

　今私がお話し申し上げようとしておる一事例は土地私有兼併の最後の段階において行われたものでありますが、スザーランド公妃という一人の貴族が驚くなかれ、我が32万町歩あまりに相当するものをスコットランドにおいて兼併してしまったというのです。そしてどうしたかと申せば、それまで兼併の結果減少に減少を重ねていた３０００戸、１万５０００人の農民をその広大な地面から追い払って、その代りに13万頭の羊を放ち、それを24戸の農家に管視させたというのです。ところで３０００戸のスコットランド農民はどうなったかというと、一戸当り2エーカー、６０００エーカーの土地、しかも1エーカー1シリング6ペンスの地代を以て海浜不毛の地において代償されたわけなんだが、それもその部落民を率いる親分がこんどはあるロンドンの漁商に貸し付けて自分のフトコロばかりを肥やしてしまったので、３０００戸１万５０００の農民は四散の止むなきにいたったというのです。一部はもちろん黒煙の工場都市に労働者としてもぐりこんでいったにちがいありますまい。一部はアメリカ新大陸へおし渡ってそこに生命を賭して新生活を開拓せねばならなかったのであります。しかもこの３０００戸、１万５０００人の農民を追い払うのに英国の軍隊が出動してさえおるというのです。いかにあばら家でも住めば都の己が古巣です。去り兼ねるのは当然過ぎるほど当然と申さねばなりますまい。焼き払われる家を去り得ずにまごまごしているうちに、老婆はとうとう煙にまかれて焼死んだという事実さえ残っておるのです。こんな風にして大英国の全有用地はほとんど全部特権階級の手に帰してしまったのです。くわしい統計上のお話はまずさし控えましょうが、目下英国の農用地は全面積の8割5分が不在地主の手に帰しており、５００人の貴族が我が全耕面積、６００万町歩に相当するものを所有して不労所得の実に計るべくもないものを搾取しておるというのです。なお参考までに申し上げますと、私は茨城県の者で現に茨城に住む百姓ですが、茨城県の全耕地面積は21万町歩、農民１４０万人。全国有数の農業県とされております。これを上の英国の事情に比べたらどうですか。そこで次に問題となるのはこの英国大土地所有者の発達なるものはマルクスの説く如き方法に従って起こったのかどうかということです。

スザーランド公妃の行った土地兼併について見ても明らかなる如く、この兼併に当って機械の力及びそれを中心とせる生産方法の比較的優越性の如きはてんで問題になってはいないのであります。英国における大土地所有者発生発達は本質的に申すならば、ローマやその他日本でもしかりですが、要するに権力の横暴以外の何物でもないのであります。そして自作小農が打ち倒されて大土地所有者が発生発展いたすためには、駕篭屋が人力車におしまかされ、人力車が自動車屋に圧倒されたと同じ筆法はどこにも示されていないのであります。なお古今東西を問わず、家族的独立小農は、資本家的大農経営に比して常に優秀なる生産能力と経済的弾力性を有しておるの事実が示されておるのでありまして、マルクス及びその弟子達が信じておるような事情は全く示されていないと申しても過言ではないのであります。

マルクスは英国における大農経営形態の発展を目して農業革命と申しております。しかしもしも英国綿業におけるように機械的改善と工場法的方法を以て資本家的大企業を起し、そうすることによって一時たりとはいうも、世界の工場国として、数多くの労働者に衣食の道を与うると同時に、英国の国富に幾倍のものを付け加え得し事柄を以て革命と称するならば、英国農村のように大土地所有者の僅々５００名ばかりのものに全耕地の半分およそ我が全耕地面積６００万町歩にもあまる広大なる面積を独占せしめ、昔は立派な英国自作農の部落であったのを広漠たる牧羊場にしてしまい、はては貴族の遊び場である狩猟地にしてしまいその結果として全く英国には農業というものはあっても農村というものがなくなり、農民は全人口の１割２分に激減し、ために英国民所要食糧品全量の１／５を海外より輸せねばならなくなったような事実を称して革命なぞとはもってのほかと申さねばなりますまい。革命と破壊は全然正反対を意味しております。そして申すまでもなく英国の農村の現状は後者に属するものであったのです。

　要するにマルクス主義説明は独り日本に取ってのみではないが、特に日本の農村が何故破壊されつつあるのか、日本農民は何故食ってゆけないかの説明にはならないのであります。マルクスの説は全然都市工場だけに適用さるべきものであって、都市工場と農村とを同じことに取扱うようなことをしたら、それこそとんでもない誤りに陥らねばならんのであります。農村と都市は根本的に相異しておるのであります。従って目下日本が経済的に困った状態に置かれておる根源がどこにあるかと申せばなかんずく農村にあるのであります事情から、日本が困っておる原因に対する説明としてもマルクス主義は採用できんのであります。

　なおマルクス主義に対してはもっと深い徹底した学術的解剖批判を必要とすることでありましょうがただいまはご遠慮申し上げねばなりません。それにつきましては近々「農業本質論とマルクス主義批判」なる一書を世に公にしたいつもりでおりますから、それについて見ていただければ幸福と存じます。でマルクス主義に関してはこの辺で終りにさせていただきたい。そして次に日本が何故こんなに困るのかということについて主として日本農村を土台にして私の考えているところのものを申し上げさせていただきたい。

《解説》

この章では、マルクスの評価について言及しております。マルクスは大衆の貧困化の原因を生産方法の進歩と生産関係の変革に基くものとみなし、自給自足→家内工業→手工業と進化していき、余剰生産物が生じるとともに格差が開き、それが階級対立になると論じました。

孝三郎は、マルクスの議論のうち、貧困の原因を社会構造に求めるところはよいが、その議論は日本の実態に合わないと言っています。孝三郎は入会地などのムラで共有化された土地が私有化されることがイギリスで進んでしまったことが貧困の原因であると論じています。マルクスは大農経営を理想化しているが、それは正しいことなのかという問題意識も持っていました。

この章の面白いところは農村荒廃の原因について語ったところです。大農経営と大土地所有が極度に発達したことで、農村が破壊された囲い込み（エンクロージャー）の歴史です。前近代ではムラの共有だった土地が資本主義の導入によって私有財産とされたことで、共同体が廃れ格差が開きました。ムラにあった相互扶助機能が衰退したからです。これがイギリスが経た歴史だったのです。イギリスほどではないにせよ、似たようなことが日本でもありました。明治６年に制定され、11年までに強力に進められた地租改正によって、入会地として、ムラに共有されていた山々は官有林に編入されました。それによって自家用伐採も禁止され、村の中には職を失う者もいました。山林なしに生きられない人もいるにもかかわらず、明治政府はその生活の糧を奪ったのです。明治政府は、本格的な資本主義を進めるにあたって、すべ

マルクス

ての土地に所有権をつけ、所有権が明確でない土地は没収します。いわば相互扶助を破壊し、弱肉強食自由競争に置き換える政策を取ったのです。孝三郎はマルクスを批判しましたが、マルクスは、人々が煮炊きをしたり暖を取るために森で枯れ枝を拾い集めたりすることを「窃盗」とみなす法律ができたことを批判した人物でした。

孝三郎は、ひと言でいえば農本と信仰の人です。相互扶助の共同社会を目指して帰農した人物です。孝三郎が愛した絵が、ミレーの『晩鐘』で、この絵は教会から聞こえる夕刻の鐘の音色に合わせ、死者へ祈りを捧げる農夫婦を描いています。ミレーは、この絵について次のように振り返っています。

『晩鐘』

「かつて私の祖母が畑仕事をしている時、鐘の音を聞くと、いつもどのようにしていたか考えながら描いた作品です。彼女は必ず私たちの仕事の手を止めさせて、敬虔な仕草で、帽子を手に、『憐れむべき死者たちのために』と唱えさせました」

ミレーの頭の中には、死者とそれへの祈り、そして農の精神が一体となった世界観があったのです。それに鋭敏に反応したのが孝三郎だったのです。孝三郎は次のように言います。

「アンジェラス（天使）、あれこそ本当に人間の生きる道だ。ミレー、彼こそ本物の思想家なんだ。一夫一婦天地の恵みを心から受けて、心から生きぬく。心から神に感謝して生きぬく。そこには争いもない、いつわりもない。愛と誠を尽くして、神に仕える。これが真の人間のあるべき姿なんだ。できたら自分もそう生きたい。あのように生きたい」。

ちなみに『晩鐘』の絵の中で育てられている作物は馬鈴薯（じゃがいも）です。馬鈴薯はスペインからヨーロッパに上陸し、「貧者のパン」とも呼ばれたように、ほとんどが二束三文で売りさばかれ、自分たちの手元に残るのは少々しかないという、清貧の証ともされた作物だったのです。まさに『晩鐘』の絵では馬鈴薯が栽培されなければならなかったのです。

『落ち穂拾い』

孝三郎に限らず、ミレーは戦前の日本では大変な人気でした。高山樗牛や夏目漱石、有島武郎など多くの文学者がミレーに言及しました。明治日本が失ってしまった何かをミレーの絵に感じ取っていたのかもしれません。

そして『晩鐘』以上のミレーの代表作といえば『落ち穂拾い』でしょう。このミレーの『落ち穂拾い』は、麦の穂を拾う農婦の姿を現したものですが、ここで麦の穂を拾っているのは土地の所有者でも耕作人でもなく、その地域の寡婦や貧民なのです。収穫は天からの恵みであり、それを畑の所有者だからといって独占してはならないという世界観があったのです。だから落ち穂は経済的に苦しい人に拾わせてあげるのがムラのルールでした。それは洋の東西を問うものではありません。わが国も含めて、昔は落ち穂は田畑の所有者は拾ってはならないものだったのです。それが古き良き先人の知恵でした。現代であれば他人が落ち穂を拾うのは窃盗であるし、落ち穂があまり発生しないように品種改良したり機械を導入したりするのが「進歩」とされてしまうでしょう。しかし先人が教える古き良き知恵はそうではありませんでした。ともにふるさとを同じくする人々が尊重され合う社会があるべき姿だったのです。それこそが共同体なのです。そうした互酬関係をぶち破って市場取引に置き換えることこそ資本主義がやったことなのです。すでにミレーが『落ち穂拾い』を描いたときからその萌芽は見られ始めていて、地主階級が落ち穂拾いの風習をやめさせようと政治運動を始めており、日没前までとすること、監視員をつけることなどといった条件付きで認められていたものでした。もう資本主義による共同体破壊は進み始めていたのです。ミレーは、資本主義に破壊される前の最後のムラの互酬関係を描き留めていたのです。無論今日にいたっては、落ち穂拾いの風習は途絶えてしまいました。現代にいたり、資本主義をより先鋭化させたグローバリズム、新自由主義の限界が見えた今、資本主義の弊害を克服するためには、資本主義が何を行ったのかをしっかり見据えることが必要ではないでしょうか。

最近では斎藤幸平氏の『人新世の資本論』に代表されるように、激化する環境問題に対抗するため、資本の動きをコモン（共同体）で規制しようという議論もあります。資本主義の弊害を共同体の力で抑え込もうという発想は、権藤成卿や孝三郎に共通するものがあります。しかし斎藤氏のように環境問題に特化させることにどの程度の意味があるのでしょうか。

また、斎藤氏のほかにこうしたコモンに着目した論客として、柄谷行人氏がいます。柄谷氏は『ニュー・アソシエーショニスト宣言』で、以下のように語ります。

「資本と国家への対抗を考える者が陥りやすい罠は、閉鎖的共同体への回帰を志向することである。真のアソシエーションは、一度、伝統的な共同体の靭帯から切れた個人によってしか形成されない。したがって、資本と国家への対抗は、同時に伝統的共同体への対抗を含む者でなければならない」

たしかにムラ社会絶対主義は閉鎖的で村八分的な怖さを感じるという議論はわからなくもありません。しかし、斎藤氏や柄谷氏のような左派的共同体論者は伝統共同体を尊重しませんが、運命的でない、自己選択の共同体で資本の論理を超えられるのでしょうか？　自由意思で出たり入ったりできるような緩い結束では、会社や委員会と大差ないようにも思えてなりません。実際、柄谷氏は最近の著作『力と交換様式』では、霊的、神的な力に着目しています。やはり、資本の論理を超えるには、自由意思を超えた存在が必要なのではないでしょうか。

農と信仰の光景とは、田畑は先祖の遺産であり、それをもたらしてくれた先祖に祈るという発想です。内山節氏が言うように、「田畑を見ると祖先を感じることができる」のです。自然の恵みと神の恩寵に感謝して生きる事こそ真実の生活だという発想がここにはあり、孝三郎の主張でもあったのです。

第3章　タチバナ主義的説明

　最初に私は目下日本農家の経済状態がどんなものであるかを実例によって示したく存じます。ただ困ったことには日本の農家は一般的に簿記をもっておりませんので私のただいまの要求を充してくれるものがありません。ただ幸に私どもの愛郷会の会員に一人篤農家がありましてこと細かに収入支出を記帳しておる者があるのですが、その帳面上の数字を大項目に門弟をして整理させたのがありますからご参考までにここに申し上げて見ます。するとこんなわけです。

　当農家は家族人員7名、労働可能人員3名、田畑1町2反歩、内訳水田5反5畝、畑8反5畝といったような経済要素を有しておるものです。すこぶるの精農家で自作農としては地方の代表者格の者です。それが以上の表に現はれたような経済状態にあるのでして、ほかは推して知るべしだろうと存じます。とにかく魚肉代が7人で1年10円足らず、子供の菓子代が1年4円から5円、医者の方が10円未満というのです。最後の医者の方は丈夫なことを示しているのかと申すと決してそうではないのです。ずいぶんひどい眼をしていながらそれを平気で放って置くのを私はよく知っております。そして一方実によく働く、働く、しかもその収支の実質にいたっては常に借金が増していくの現状です。その傾きは昨年から当年にかけて特に著しくなってまいっております。この一実例で農家経済一片鱗を示すことができたと思いますが、さらに私は日本農家としてもっとも典型的なものを統計数字上から、さらに私の実験から取り出して、その経済を解剖してお目にかけようと存じます。

　日本の農家の絶対多数は自己の労力をほかに売らず、賃労化されたほかの労力を買わず、夫婦共稼ぎ家族単位でその家族が有する労力が許す範囲で農業経営に従事しておるので、私どもはこの夫婦共稼ぎの農家を家族的独立小農と申しておるのですが、日本の農家は皆この家族的独立小農と申すものに属しております。ところで一定

その1、収入の部

種目	昭和2年度	昭和3年度	昭和4年度	昭和5年度
	円	円	円	円
籾売上	137・11	205・04	220・70	96・81
煙草売上	89・66	134・34	94・96	110・14
小麦売上	109・00	103・26	148・57	151・79
大麦売上	―	―	―	13・85
豚売上	62・00	19・00	24・18	88・60
甘藷苗売上	132・24	27・87	35・47	27・23
桑葉売上	6・00	3・50	2・60	―
茶生葉売上	3・25	―	2・76	―
楮売上	7・00	13・82	10・00	5・00
桐材売上	―	6・00	7・00	―
櫟苗売上	―	―	13・80	10・00
農閑期手間取	―	14・30	10・50	4・50
雑収入	22・00	29・75	16・91	18・56
借入金	102・00	152・28	200・00	145・70
合計	551・26	709・16	787・45	672・18

その2、支出の部

種目	昭和2年度	昭和3年度	昭和4年度	昭和5年度
	円	円	円	円
納税	61・90	63・72	75・08	54・52
肥料金	142・92	160・55	211・85	191・52
借金返済	49・00	90・95	208・08	154・36
食料品中塩醤油	17・44	15・32	16・48	14・63
食料品中魚肉代	12・35	5・29	16・02	6・75
老父晩酌代（1日20銭ぐらい）	57・46	73・18	64・05	52・10
煙草代	6・55	7・59	7・23	8・94
子供菓子代	4・13	5・20	3・40	1・76
被服費	31・77	34・16	28・90	19・19
器具費	―	6・50	4・80	9・50
薪炭費	1・60	4・36	3・50	2・50
医薬費	7・20	12・47	9・20	4・24
学用品代	12・69	6・21	1・59	8・36
交際費（冠婚葬祭）	19・35	22・67	12・61	34・76
農具費	50・40	21・05	15・50	5・30
仔豚代	7・50	8・00	18・00	19・00
飼料代	16・01	20・87	31・06	20・60
家屋修繕	2・45	―	30・66	―
人夫代	1・20	11・40	8・50	6・10
雑費	78・63	47・54	55・57	28・84
貯金	1・50	―	―	―
合計	582・05	617・03	822・00	643・18

その３、差引

過不足	昭和２年度	昭和３年度	昭和４年度	昭和５年度
	円	円	円	円
（＋）	—	９２・１２	３４・５５	—
（－）	３０・７９	—	—	２９・００

の技術的進歩の下に一定の風土の下に、一定の生産能力を示しておる耕種または畜種を有しておる農家の耕作し得る一家族的独立小農の耕地面積というものはほぼ一定しておるものです。これを我々は「耕地の自然的大きさ」とこう申しておりますが、日本農家の「耕地の自然的大きさ」は大体１町２段所となっております。そして１戸平均６人と見積っております。即ち１人当り２段歩ということになっております。さらに耕地は田畑相半ばせるの状態にあります。そこで我々はこれからこの１戸６人の家族人員を有し、夫婦共稼ぎで自分の労力を賃労化してほかに売らず、賃労化されたるほかの労力を買うことなしに、田畑半ばせる１町２段の耕地を耕しながら農業経営に従事する場合、この農家の収支状態が目下どんなものであるかを明らかにしようと思うのであります。

　最初に収支を見る方針について二言申し上げておきます。この場合我々の目的は単にこの農家がどれだけの金を受け入れ、それに対してどれだけの金を払い出すかを見れば足りるのでありますから、一切の自家消費目的の自家生産を控除してよろしいでしょう。つまり最初に販売高の総額を見てこれを第１収入と称しておきます。次に支出の方を見るのでありますが、最初に直接生産に必要な費用、大体肥料金、諸道具機械設備の減価費、種子代の３者をこれに数えてこれを第１生産費と申しておきます。次に負担及び土地資本利子の二者を見てこれを本来ならば第２生産費とせねばならんのですが、この場合の目的のために土地資本利子を見る代わりに、日本全農家１戸当り平均負債の金利を挙げて前の負担と合計し、これを第２生産費とするの方法を採る方が可であるから今は第2の方法をとることにいたします。そこで第1生産費及び第2生産費を合計したものを第1収入より差引いた残りを第2収入といたします。これが生計費にふり向けられる一部分となるのでありますが、かくして幾何の金額を以て我々の農家が生計せんければならないかの事情を明らかにしようと存ずる次第です。なおこの場合の計算の方針として当農家の収入を最も好条件ならしめ支出を最も多き如く考えてなすの必要があります。

まず水田6段歩、畑6段歩に対してどんな作物を作付し、及びどれだけのものを取り上げ得てどれだけを売り、どれだけを自家用に供するかの事情を明らかにいたしましょう。そこで私は計算の方針に従ってこの農家の作付を夫婦共稼ぎの日本農家として極大的作付の場合を考えて左の如きものといたしました。同時にそれに対して収穫高も見積りましたが、この方も有り得べき最上の部を採るようにしておきました。〇印は全く自家用のものです。そして水田は二毛作ができるものとして考えました。

1、水田　6反歩　（玄米反当2石5斗）　玄米15石
2、陸稲　2反歩　（玄米反当1石2斗）　玄米2石4斗
〇3、大麦　3反歩　（反当3石《ママ》）　大麦6石
4、小麦　2反歩　（反当1石6斗）　小麦3石2斗
〇5、雑穀　1反歩　（不明）
6、園芸または工芸作物　1反歩
7、桑園　2反歩　桑葉反当17駄反当収繭17貫　繭34貫
〇8、緑肥　3反歩　（反当400貫）　1200貫

さて上表中の○印の付いている以外の部分万金に換えられるものですが、米だけは1年1人平均1石消費として6石を差し引かねばなりません。さらに陸稲中5斗ぐらいは糯米として残り1石9斗が粳といたします。すると粳玄米16石9斗。これから6石を引く残り、10石9斗、まず11石と見てよろしいでしょうが、これが販売し得る高です。上表で米の収穫を反当り2石5斗にしておきましたが全国平均は2石です。そこで価格決定になりますが、昭和6年末の状態において計算することにいたしますと、その時の茨城県地方相場は14円所です。今これを15円といたしておきますと、11石、その販売高は165円となります。次に小麦の3石2斗ですが、これで100斤俵8俵を得られます。1俵3円50銭が相場です。よって28円、園芸または工芸作物の方はもちろん確的に見積るわけにはまいりません。ここでは私の知る範囲で最も割のよろしいのを択んで煙草に取ります。そしてそれを反当り100円と見るに大した誤りはないようです。次に養蠶【養蚕】ですがこれは全国平均になりますと反当り15貫の収繭量ということになっておりますが、ここではそれを17貫としておきました。そして1貫匁の繭を3円と34貫102円という数字になります。よって合計金額を見ますと、

1、米　11石　1石15円　165円
2、小麦　100斤俵8俵　1俵3円50銭　28円
3、煙草　1反歩　100円
4、繭　34貫　一貫目3円　102円
合計　395円

次に支出の方を見ます。まず肥料金ですが、上のような成績を挙げるために100円以下の肥料金ではおっつ

きっこありません。その細かい計算の如きはただいま問題外ですからいたしませんが、まず大体１００円といたして大した誤りはありますまい。それから諸道具等の減価費ですが、この方はどうしても反当り３円50銭くらいに見積らねばなりますまい。よって１町２段になるとき42円となる。それから種子代だがこの方は養蚕の種紙だけにしよう。すると繭１貫匁に対する養蚕代は25銭ぐらいと見て、８円50銭となります。よって第１生産費に当るもの金額合計は１５０円50銭、50銭を切り捨てて１５０円といたしておきましょう。

次に第２生産費を見ます。まず負担ですが、これは全国平均を取って見ますと１戸80円です。そしてさらに田畑辺りのものからおしても、１町２段の田畑を耕作するものはここらに当るのが実際らしいです。よって80円としておきます。それから次に土地資本利子を見ねば本来から申して当農家の資本主義的経営の姿を明らかになし得ないのであります。即ち土地資本利子を見積らねばならないわけです。しかしそんなことはとてもできません。何故とならば１段歩の水田は二毛作可能の上田ですと６００円も７００円もいたしておりました。畑で２００円もしておったのです。それに対して公債に対する程度の利子あるいは郵便貯金の利子を見ることになると、２００円以上も払わねばならないということになります。で問題になりません。よって私は前にも申し上げたように日本農家の平均負債額に対する利払い額だけを計上しておきます。この方がより実際的です。すると日本農家は平均１戸１０００円見当の借金をもっており、１割ぐらいの利子でそれを借り入れております。今それを年８分利付15ヶ年賦で農工銀行から借りたといたします。するとその年賦償却金は１１５円になります。で負担と合計するとき１９５円これを以て第２生産費といたします。よって

第１生産費　１５０円
第２生産費　１９５円

合計　　　３４５円

従って第２収入は

第１収入—（第１生産費＋第２生産費）＝第２収入

３９５円—３４５円＝50円

即ち６人の家族人員を以て、50円で生計を立てねばなりません。これで電気もつければ、子供を教育せんければならん。着物を着ねばならず、医者にもかからねばなりません。６人１ヶ月４円足らずでは米や野菜がいくら自分の手で取れるからとてやってゆけるかどうか問題とすべきではなかろうと存じます。しかし今申し上げたのは最上級の方で絶対多数はとてもこんなものではないのです。無智にして亡ぶと申しますが、目下農家のなしておる状態は計画もなければ方針もありません。それでいて頭は都市の商人と同じで営利で一杯です。営利心も頗る悪性です。従って実に悲しむべきことをやっているので、よくあれで食ってゆけるか一種の不思議ですらあるのです。しかもこれが５５０万戸３０００万大衆、事実前にも申し上げた通り、日本を双肩に担って日本の生命を現実に維持しつつあるの存在だったのです。進んで私は日本の農村がどんなに困らねばならないかを社会的全体観から見て一層事情を明らかにいたしたく存じます。

ご承知の如く、一切は農村から逃避して都市に集中されてまいります。人も物も金も。でただいまは金だけについての動きを考えてみるべきですが、農村から流れ出すもののうちの４つの大項目だけについて調べてみることにいたします。即ち肥料金、負担金、利子、地代とであります。

まず肥料金ですが、日本農家の金肥消費額は昨年末辺りで恐らく3億３０００万円くらいとされておるようですが、これは農家を土台として得た数字でありませんで、もちろん当てにはなりません。しかしこれ以下ではないということだけはほんとうです。で事実はとてもこんなものではないので恐らく4億万円にもなっておるのだろうと想像されます。とにかく私の知ってる限りでは1戸当り１００円以上の金肥を消費しない者はないのでありまして、これを５５０万戸に推せば5億５０００万円ということになります。今5段未満の者約２００万戸の者だけは1戸平均５０円として1億万円だけ上の額から少ないとしても、4億５０００万円という数字を得られるのですが、私の考えでは日本農家の金肥消費高は恐らく4億万円を下るまいと存じます。それを今は前に申した通り3億３０００万円としておきます。次に負担ですが、これが水利組合費を除く以外のものは農会費といえども生産的には何の役にも立っておらんので、いずれも農家のフトコロから逃げていく性質のもののみです、それがおよそ4億４０００万円に上るのです。それから利子ですが、目下どれだけの負債をしょっているか、これも明確なところはわかりません。しかし不動産担保による負債額がおよそ30億万円ということになっておりますが、それに対して非不動産担保の方法によるものが倍額だけあるというのが普通になっておるようですが、もしそうなりますと60億万円だということになるわけです。ある人は55億なりといい、またある人は50億なりと申しておりますが、要するにいずれも推算でしてただいまは50億を取ることにいたします。それに対する金利はどのくらいかと申せば、平均1割だというにいたってはただ唖然たらざるを得ないのでありまして、利払いだけでも既に5億万円です。これに元金償却として3分どころのもの、1億５０００万円を加算いたしますと実に6億５０００万円という巨額に上らざるを得ないのであります。次に地代でありますが、小作面積は水田で約１６０万町歩とされておりますが、その小作料は平均1石です。即ち小作米として地主のフトコロに運ばれる高は実に１６００万石という巨額を示すわけです。畑の方は１１８万５０００町歩あまり、目下その小作料は不明ですが昭和3年度で平均1段歩17円というのです。今米１６００万石1石15円とするとき2億４０００万円。畑の方を昨今10円に下ったと仮に見做せば1億１８００万円。2者合計3億５８００万円。以上４者を合計いたしますと実に、17億８８００万円という巨大なる数字に上るのであります。この驚くべき巨額の金が村からどこへ持ち去られていくのかはご説明申し上げる必要は少しもなかろうと存じます。上の数字のうち小作料の方はかなりの額において負担及び利子に転化されるものですが、今仮にこれを除外するも14億３０００万円という数字を示すので、これだけは完全に農村の、少なくとも生産圏からは逃避して、その大部分は、大都市へ集中されてゆくと見られます。何と驚くべき事実ではありませんか。これに対して農村の収入の大まかなところを計算してみましょう。

まず米の方を見ますと、６０００万石とれるうち３０００万石は自家消費で、残る３０００万石が小作米と販売し得る米になるわけです。今これを石15円とするならば4億５０００万円となります。次に繭ですがこれが９０００万貫、一貫3円なるとき2億７０００万円。ほかに大きいところでは煙草の５０００万円。小麦が６０００万円ぐらい、大麦は自家用を差引けば問題とならず、その他は大したものはありますまい。で大きいところ以上を合計いたして見ますと8億３０００万円ということになります。これを前の14億３０００万円に対照いたしましたらどんなお考えがわきますか。みなさまの真剣なるご考慮を仰がねばなりません。

もちろんのこと我々百姓とて生きておるのです。生きておる以上衣食住を以て生活の安固を必要といたします。我々の衣食住の安固を必要とするどころか、みなさまのそれすら充しておるのであります。しかるに右様のことではどうなりますか。――なお我々とて生身をもっておりますれば時に病気もいたします。交際も義理と申す部分だけは欠けません。そして酒も呑めば煙草も吸います。――いやそれどころか前々申し上げてまいりましたように、日本の百姓が米を作って自らの米を食えないようでは、煙草を作って自ら思うように吸えないようでは、どうして国防が保てますか。日本の一大事は決して仮想敵国の発展と圧迫にあるものではありますまい。むしろ敵国外患なき時、国は常に亡ぶるのです。獅子はよく身中の虫によって倒れるものです。事実日本は上述の如くにして危いのであります。日本農民の窮乏は事実都市に住む者をも誰をも危からしむるに充分なものです。しからばこの窮乏はどこに原因するのでしょうか。

みなさまはすでにこの農村荒廃のよって来るところがマルサス主義の説明の如くにもあらず、マルクス主義でもないという事情がおわかりになったと存じます。これを最近の事実に照しても直ちに了解さるるところです。米が１石30円の時、１戸当りの負担が80円であり、または反当り10円であったものが米が15円に下落した時でもそのまま、それから米が１石30円の時の負債１００円がやはり１石15円に下落した時でもそのまま。そのほか医療費しかり、酒、煙草しかり、という風ではどうしたって立っていけるわけがないのであります。いわゆる金解禁以来の緊縮政策時代においてしかりであったのでして、百姓はそれでなくてさえやっていけないのに、あの時以来金融業者の犠牲たるべく一突きに奈落の底へ突き落されてしまったのです。それではこの度それが正反対になって積極政策に転向したら一挙で救われたかどうか。事実は何より雄弁です。そして具体的な事柄について一考して見ましょう。なるほど政変来とともに米は一躍15円から20円即ち２割５分の暴騰を来たしました。百姓どもはすっかり今度こそは浮み上れるものと信じきって喜びの頂点に小躍したのです。がそれによって実際利益したところのものはどんなものでしょうか。６０００万石とれるうち３０００万石は自分で消費し、ほかに出せるのは３０００万石ですが、うち少なくとも１５００万石は小作料となるのです。ですからして１石20円に売って１５００万石は３億万円、その２割５分は７５００万円となるわけです。ですがこれだけがまるまる百姓のフトコロに入るかどうか。あの政変がきたとき某政党の大巨頭の一人が部下をして巨額な米を買占めさせたことは周知の事実になっております。噂によると１００万石だとか申しますが、さもあることでしょう。要するに７５００万円を百姓が利し得るということは俗にいう「鬼が笑う」来年のことで今年のことではないのであります。しかるに差し当り買わねば百姓ができない肥料はどうなったかと申せば実に４割の暴騰です。実はこの４割と申すのも各肥料の騰貴率を合計してその肥料目個数で割ったもので実際的金額上のものではないのです。そして肥料の王たる豆粕の如きは横浜沖渡しで実に５割８分という沸騰です。――聞くならくは、かつて張学良が豆によって利しつつありたる金額は年々１億万円に相当するところのものであったという、以て彼の手兵を養っておったといわれております。今それが南満の野より一掃されてその利益の実権は誰の手に帰したのでしょうか。しかも打倒学良は誰がなしとげたのでしょうか。弘前師団の精鋭を形造れるものは東北農村の健児のほかならざること申すまでもありますまい。しかもその東北は今や肥料どころではないのであります。自らの米すら無いのであります。そしてそれに対して日本の肥料商はこれに肥料を売るわけがないのです。何たる同胞主義ぞ。私はもう発するに言葉を見出し得ません。――日本の農民が満州へ行って日本のために豆の利益を収めさせたといたしましたら、５割８分の騰貴は正に逆倒すべきではないでしょうか。しかもかくて利益し得るものは日本の農民のみではないのであります。一般国民はその主食物を安価に求め得、国庫はその収入を増大し得たのであります。しかるに事実の悲しき極みは今日お話し申し上げた通りであったのです。肥料金額３億３０００万円にして、４割の暴騰なるとき実に１億３２００万円。前の７５００万円を引くとき５７００万円のマイナスに当るのです。かくの如き関係はどこにもここにも充満しておるのでして、他の一例を申せば煙草の如き現に今度は５０００万円の賠償金額の１割が減ぜられるということになっておるのです。何故こうなったのか。

《解説》

この「タチバナ主義的説明」は長い箇所ですので前後に分けて解説します。前半部は実際の農家の収支に即して窮状を明らかにしています。孝三郎はどちらかといえば抽象的理念的議論を展開するような人物であるかのようにも思われていますが、本章を読むと、計算にも大変明るい人物であったということがわかります。

細かい会計計算については本文のとおりですが、要は農家の生活は苦しく、ほとんど収入（利益）がないというのが結論です。それゆえ、農家もまた、商人と同じく営利心でいっぱいなのですが、その割には採算が取れないという状況を問題視しています。

孝三郎は、農村荒廃の原因として、金解禁以来の緊縮政策が進められたことで、農家は金融業者によって奈落に突き落とされたと論じています。ではその後の高橋是清らによる積極財政に転じたら農家は救われたかといえば、そうではありませんでした。政治家や富裕層による買い占めにより、利益が百姓にいかないという事態が発生したのです。

近年の経済学では、ＭＭＴが話題になっており、それを踏まえて積極財政を主張する人たちもいます。私自身、旧著である『新自由主義の転換はふるさとの復活から』の第８章でも論じましたが、緊縮財政論者によって「日本は財政破綻の危機にある」ということが宣伝され、民営化、社会福祉の退潮、消費増税といった国や社会を破壊するような非道な政策が20年以上もとられ続け、現代日本は惨憺たる状況になりました。その意味で新自由主義・グローバリズムの根拠となっている緊縮財政をぶち破ることは急務であると言えます。

しかし、積極財政に転じたとして、国民にどのようにしてカネを分配するかという問題は案外難しく、オトモダチ政治、利権の温床ともなりかねません。また、悪性インフレ、スタグフレーション、スクリューフレーションともいうべき事態に本当に積極財政で対抗できるのかも定かではありません。国民の経済力を底上げするためにカネを配ることができるほど政治が信頼に足るのであれば、そもそも新自由主義政策など取られなかったのではないか？という身もふたもない言い方もできるのかもしれません。いずれにせよ、グローバリスト、新自由主義者の害悪を認識し、明日の国民に積極的に投資し、国民生活をより良いものにする経世済民の政治が求められていることは言うまでもありません。

申すまでもなくかくの如き事態は今日一日にして起こったのではありません。また歴史の草創からしかりしものではないのです。今私は少しくことのここに及びし歴史的発展を追跡しとう存じます。

草創原始時代において人類は国の東西を問わず最も恵まれた共同生活の楽園に置かれた史実について私共今考える必要はないと存じますが、日本の古代もその類にもれなかったように思われます。それから色々の変化が行われ、権藤先生あたりの御説によると、いわゆる官治と農民自治が交々相取って代ってまいった跡が歴然としてのこされてあるのですが、なかんずく鎌倉時代は農民自治の最も行き渡った時代として有名であります。以て富国強兵蒙古10万の大軍を撃退し得たのもそれに由るものであります。当時大衆はよくその衣食住生活の実際に安んじ得たのでありまして、日本歴史中において最も民衆が幸福を称し得た時代とされております。ところが足利より戦国に及ぶやもちろん自治は次第次第に破壊され、やがて豊臣秀吉が天下を一統いたしますと事情はがらっと一変するにいたったのであります。即ち秀吉は強固な中央集権的封建国家を樹立せんがための欠くべからざる手段として、農民を無力にしかつ誅求を徹底せしめてまいったのです。この事情はよく「太閤の刀狩」と申しまして農民の手から武器を全く奪い去って丸腰にしてしまい、さらに「太閤の検地」と称しまして天下の土田を丈量いたしまして、政府収入の一大増加を図った等の事情によってよくうかがわれると思います。なお秀吉の時までは1段歩は３６０坪であり、1坪は6尺5寸平方であったのを1段３００坪、1坪は6尺3寸平方となしこれによって2割以上の増税を農民の頭上にくだしたのでありますが、このやり口でもよくわかると思います。

後世史家の怠慢から時によると秀吉の税率は一公二民の如くに伝えられてあるのですが、実はその反対であるのが事実であるのです。でなくてはとても朝鮮征伐だなぞという飛びぬけた仕事は不可能です。それはともかくとして、尾張の山の中の農民の一子木下藤吉郎は豊臣秀吉として天下を一統することができると同時に天下の農民から武器を奪って全く無力ならしめて農奴としてしまったのです。ところがその次にやはり尾張《ママ》【三河】から起こった徳川家康が出て秀吉に代わるともっとひどい農民圧迫を敢行したのです。

徳川武断政治下における一般大衆即ち農民がどんな生活に甘んぜざるべからざりしかについてはみなさまのよくご承知のことと存じます。何しろ時の民衆即ち農民はいわゆる生殺与奪の実権を握れる彼等の目には人間としては映ってはいなかったので、つまり菜種か胡麻かだったのだからたまりません。即ち絞れば絞るほど出るゆえに絞り切れというのです。ただし殺してしまったのはミイラ取りがミイラにならねばならんから「死ナヌヤウ、生キヌヤウ合点シテ収納申付クベシ」とこういって絞ったのが有名な権現様の年貢の取り立てようと申す方法だったのです。しかしカラッポにしたのはフトコロばかりではありません、同時に頭脳の方もカラッポにせんければ徹底しません。そこで知らしむべからず依らしむべしを政治はもちろん教育にも延長して教えて曰く「上見れば及ばぬことの多かりき笠着て暮せ己が心に」【（社会の上方を見れば及ばぬことがたくさんあった。自分の心に笠をかぶり、上を見ないように分相応に暮らせ。）出典は江戸後期の諺語事典『譬喩尽』や石門心学の柴田鳩翁による『鳩翁道話』などがある。『鳩翁道話』は明治時代にも広く読まれベストセラーになった】といって教えたのです。そして家康を東照権現といい、将軍を仰ぎ見れば目が潰れると信ぜしめていたのです。しかもその貧農化政策の用意周到さは、今にいたるまでも残されている悪風ですが冠婚葬祭の儀を盛りならしめて一生の蓄貯をこれによって振蕩し果さするの方法にさえ訴えたというのだからたまったものではありません。かくて百姓は足も腰も立たんようになってしまった。奴隷根性は骨身にしみさって右向け右、左向け左全く武士階級の意のままに使用される一個の機械にほかならなくなってしまったので。しかしかくてあらるべき人の世ではありません。即ち明治維新は歴史的必然性のしからしむところによって徳川封建政治を葬り去るべくやってまいったのでありました。しかしその結果農民はどうなったでしょうか。

なるほど明治維新とともに、農奴として土地に釘付され、ただ武家の食糧品その他経済的給付を一身に背負わせられて身動きできなかった状態から解放されて職業の自由が彼等に恵まれたことは事実です。これだけでも実に大したものだったに相違ありません。実際なろうと思えばそして幸福の人間としてまちもうけ得ない体のものが恵めば、代議士にも、総理大臣にもなれるし、陸軍大将にも、大学総長にもなれるというのです。しかしそのことは直ちに農民の立場において農民を土台として、1農民が農民代議士となり、農民総理となり得たのだ、2言農民時代を造り出すための自由が農民の頭上に恵まれるに立ちいたったということには不幸にして意味しなかったのであります。即ち封建農奴たりし旧時代の農民も明治維新とともに自由を得たのです。しかしその自由たるや農奴として土地に釘付されていた拘束状態から解放されて移動し得ることにおいて自由となったのです。換言すれば彼等は自由移動性を得たのでありますが、自由移動性を得た彼等は今やどうしたのでしょうか。申すまでもなく農奴としての最も悲しむべき状態を命懸けで離脱すべく踵を接して都市へ都市へ、なかんずく帝都へ帝都へと集っていったのです。明治維新とともに社会支配と新社会建設組織の実権が農民に帰すべく次の時代をまつことを必要といたしました。そして一切の実権は旧伝統的特権承継階級と新興金権所有者階級の手に帰したのでありますが、これらが帝都東京を根拠地としていかにただいままで社会を支配し来ったかについては一言だに必要なきところです。旧封建国家において農民は一個の人格としての存在ではありませんでした。たとえ切捨て御免ではあったもののしかし死ぬか生きるかの境にだけは養っていかれたのは事実です。しかるに明治維新よりこの方日本という国民社会がついに金融資本万能の支配下に立たねばならなくなりました今日、その最下層にうめいておる農民は、傾向として見るならば、全く亡びゆくままに捨てて顧みられざる存在にまでなってしまったのであります。明治維新この方日本はどんな鋳型の中にはめこまれたかと申せば一言イギリスです。日本は今まで日本をイギリス化すべく国を挙げて夢中になって今日に及んだことはみなさまのよくご存知の通りです。そしてその世界資本主義の総本山たるイギリスの農村がどんなになったかを詳かにお話し申し上げる余裕を欠いておるのでありますが、前ほどお話し申し上げたところでその片鱗を示すことができたと信じますが、全くたたきこわされてあとかたなくなってしまったのです。こんな馬鹿げたことはどちらから申してもあり得るものではないにしましても、もしも日本が今まで努力してまいったように、東洋のイギリスたり得て、東洋の工場国から、さては東洋の金貸し業者となって、シナやインドの7億の農民を相手にこれに寄生することによって生きていけることが許されたとしたら、ついに日本の農村もまた、イギリスの如き運命になげこまれたかも知れません。それはともかくといたしまして、イギリスを学んで現状に及んだ日本における現実の日本農村は全く瀕死の状態に投げこまれておること前申し上げた如くであります。そしてその何故にしかるやを明治維新より今日にいたるまで早熟的に爛熟いたしました、日本資本主義の文化史的系統をたずねることによって一層明らかにしたいと存ずるのです。

農村を土台としておる東洋文明と、都市を中心とせる西洋文明との間には、その成立発達において根本的に相異なれる文化本質の流れが伝わっております。この文化史的根本問題に関してただいま深入りするの余裕は遺憾ながらございません。ただここにこのことに関してインドのタゴールが極めて意味深長なことを彼の世界的名著なる「生の実現」なる一著の冒頭で申しておりますからご参考までに読み上げてみます。

「ギリシア古代の文明は「都の堡塁」の内側で育てられた。だからその流れを汲んだ近代文明はみな煉瓦や灰泥の揺籃の中で育てられた。さてその堡塁というのは今でもやはり人類の心の奥底に残っている。われわれが事物に区別を立て、これを治めようとするのは、心の中にその堡塁があるためでその働きは既に人心の習慣となり、ために人は自分の所得を安全にしようとして自他の区別を明らかにし、自分の物ばかりを固守する。人類が国と国とを分け、知識上の分類、自然と人との差別を立てるのは即ちその働きである。その習慣があるから人間は自分の建てた堡塁以外のことになると激しく疑い、習慣以外のことが自分の認識に入って来ようとすると頑固な争合をしなければならぬ。初めアーリア人がインドに侵入した時、インドは欝蒼たる森林の国であった。新侵入者はここへ来ると、瞬間にこれ等の森林を利用した。即ちこれ等の森林は烈日猛勢を避ける隠場となり、回帰線下の暴風が与うる多大の損害を防ぐ助けとなり、家畜に取っては牧場となり、さらに薪炭の料を供し、家屋建築の材料を給したのである。その後また別種のアーリア族が族長を戴いて侵入し、以前と異なれる林地に殖民するや、森林は彼等にとって特別な自然の保護となり、かつおびただしい食物や水を与えた。こういうようにしてインド文明の誕生は森林の中で始まった。しかもこの原始と周囲の境遇とは一種特別の資質を形造った。自然の浩大な生命に包まれ、大自然に養われ、大自然にはぐくまれ、千変万化限りなき大自然の光景と密接なしかも不断の交通を保つだのだからそのはずだ。」

　ずっと続くのですがこの辺で止めましょう。こうした哲理は日本の現在にあまりにわかられなさ過ぎることのように思われますが、この文化史的根本哲理と、東西文明の発生及び発達の根本的に相異せる文化史的史実に関してはっきりした理解なしに日本の再建は恐らく不可能ではなかろうかと私は存じておりますのでみなさまの特別なご注意をお願いしておきたく存じます。ただいまは遺憾ながらこの問題を取扱うことができません。ただ私は将来における私の学徒的生活によってみなさまにこの問題についてご奉公申し上げたく念願しておる次第です。余談はさておき、ちょっとお考えになっても直ちにおわかりのことと存じますが、森林文明だとタゴールが申しておるインド文明、それから黄河、揚子江の流域に発達したシナ文明、チグリス、ユーフラテス河畔に起こったバビロン文明、あるいはまたナイル流域のエジプト文明とこれらに対立せしめて地中海沿岸に発生発達したフェニキア及びギリシア文明を対照比較研究いたしますならば、両者間に根本的にして本質相異が明らかに認識されることと存じます。とにかくフェニキアはご承知の通り、シドンまたはティルス等の地中海東端の沿岸都市を中心として起こされております。そしてそれに割拠いたしましたのは通商貿易をこととする商人の一団と見られる町人であって、全く農民とは性質を異にしておるものだったのです。従ってその経済活動も農民のなすところとは根本的に異なっておったのです。即ち当時他に並びなき立派な船舶をつくり、銀鉱を切り開いて貨幣を鋳造し、さらに工業を起して輸出する、それから、一地方から他地方に向かっての物資の交換の仲介をする、一言通商貿易をその経済活動の全部としておったので、全く農耕を知らないのです。そして相手国は常に農業を主とせる国々だったのです。一言ただいまの英国と同じことを３００年も前に行っておったのであります。このフェニキアは英国と同じように地中海沿岸各地に殖民いたしました。その結果各地にフェニキア文明が移植さるるにいたったのですが、それを伝えて最も盛んになったのが即ちギリシアにほかならなかったのであります。みなさまもご承知の通り、ヨーロッパ近代文明は遠くこのギリシアに淵源すると申されておりますが、その源流は遠くフェニキアに発生するものでありますので、ギリシアもまたフェニキアと同じく、通商を主としアテネを中心として発展いたしたのでありまして、農耕を大本とは決してしなかったのであります。従ってその文明の本質も、タゴールが前に申しておる通りインドやシナのそれに比較いたしますと全くかけはなれたところのものを有しておったのであります。この根本的事実はその宗教に、その哲学に、その文学に、あらゆる方面にうかがわれるのでありますが、今はもちろんそうした方面にふれるわけにはまいりません。ただ前のタゴールの言は大いに味わい深いもので、要するにギリシアの文明は「都の堡塁」の中で育てられたので、大自然と生きた交渉を有するようなことはなく、農を本とするようなことは少しも知らなかったのであります。この農本文化を知らざる通商都市文化のギリシア的なものが、その後どうその主流は流れてまいったかと申せば、アテネからアレクサンドリアにうつされてゆき、それからローマ市にいきます。それからアマルフィやフローレンス、ジェノバ等にいき、ヴェニスに渡り、地中海を出てリスボン、マドリードへうつっていき、さらにアムステルダムからロンドンへと落ち付いていったのです。申すまでもなくこの都市中心文化がロンドンへ落ち付いて近世資本主義国家発達の中心点を見出すまで、様々な歴史層を通過せねばならず、その勢にも消長があることは申すまでもありません。中世紀は農本的な封建国家の勢力が大であって、このギリシア的都市文明の勢は全く潜在勢力として流れていたのであります。ところが16世紀に入るとようやく西洋はマーカンチリズム【重商主義】の時代に入り通商貿易を各国相競って起し、従って都市の勢力が勃然として起り、ここにギリシア的都市文明の一大発展の機を迎うるにいたったのでありますが、なかんずく英国がヨーロッパ隣邦を圧倒屈伏せしむるにいたりますと同時に、ギリシア的都市文明は資本主義国家なる社会形式をとって世界を風靡するにいたったのであります。そしてこの資本主義社会なる形式の下に西洋都市中心唯物文明の波及浸潤するところ、社会は全く金力支配の下に動かされ、人心は大自然を忘れ農本を離れ、ただ唯物生活を個人主義的に追求して亡びゆくのを忘れるにいたらざれば止まなくなるのであります。事実現在くらい人々が大自然の恵みを忘れかつこれより遠ざかったためしはないであろう。従って人間生活の根本たる土による勤労生活を捨てたためしもあるまい。ご承知の通りただいまの世の中は俗に申せば何でも東京の世の中です。その東京は私の目には世界的ロンドンの出店のようにしか不幸にして映りません。とにかく東京のあの異常な膨大につれて、それだけ程度農村の方はたたきつぶされていくという事実はどうあっても否定できん事実です。そしてただいまぐらい農民が無視され、農村の値打が忘れられたためしもありますまい。

頭にうららかな太陽を戴き、足大地を離れざる限り人の世は永遠であります。人間同志同胞として相抱き合ってる限り人の世は平和です。人各々その額に汗のにじんでおる限り、幸福です。誰か人としてこの永遠に平和な幸福を希わない者がありましょうか。しからば土の勤労生活こそ人生最初のよりどころでなくて何でしょうか。かような議論は決して空論ではございません。事実「土ヲ亡ボス一切ハマタ亡ブ」。ギリシア然り、ローマ然り、しこうして大英帝国の現状は何を我々に物語っておるのでしょうか。その反面、4億万農民大衆のシナ、ガンディーの３億万インド農民大衆、これらは目下最も哀れむべき状態に投ぜられておりますが、しかし決してギリシア、ローマの後を追うものではございません。即ち悠々５０００年の民であったのであります。実に農本にして国は始めて永遠たり得るので、日本に取ってこの一大事は特にしからざるを得ないのであります。日本は過去たると、現在たると、はたまた将来たるとを問わず土を離れて日本たり得るものではないのであります。しかるに現状はどうでしょうか。

　この点に関して私は私自身よい経験をもっております。私はかつて哲学を研究せんと志して第一高等学校文科哲学部の方へ入学いたしたことがあります。そこで私は文字通り寝食を忘れて哲学研究に没頭したことがございました。実はその結論の結果でもあったのですが、私はどうしても帰農せずんばおられなくなったのです。理由とするところはなんでもありません、今しがた申し上げた通りです。みなさま私の生活はこうして私自身真心からお話しができる、そしてみなさまはそれを真心から聞いていなさってくださる、即ちこうして真心と真心を捧げうけ入れあっていけるところ、もう一つ語を換えれば、同胞相抱き合えるところ、以外に見出すことはできないのです。ともに生きておればこそかうして生きておられるのです。またともに生きんとすればこそ生きておられるのです。以て一国を形造り得る所以のものです。こうして国を造って同胞として相ともに生きておる以上私はどうしても自他一切のために、心から良きことよりさらに良きことを願い求めずに生きてゆけないのです。即ち真心もて生きゆくほか生きるの道を知らんのです。私は自他一切のために心から、良きことよりさらにより良きことを願い求めつつ、真心の生活を営むを勤労生活と申しておるのでありますが、国は人々をしてこの勤労生活を許すようでないと国ということはできんと私は信じておりかつ日本は日本の勤労者同胞の日本でなくてはならんと考えておるのですが、そのもとをなすものは土の勤労生活者即ち農民にほかならないと信じておるものです。かくて私は百姓となったのでした。ところが私がこうして百姓となった時、世間は私をとうとう狂者にしてしまったのです。つまり一高へ入学し得る人物は天下の秀才だそうです。そうした秀才は百姓にならんものだそうです。それが百姓になったのだから狂者に相違ないと申すのです。私はその噂のために兵役の義務まで免除されたのだということが後にわかったようなことまであったのです。それがどうですかこの正反対だったら。私は中学在校中教師からよく政治家になれとすすめられていました。何か蔭の方で彼は政治的天才を有する人物だ、もし政治家になったら原敬ぐらいになれるかも知らんなぞという噂を教師がしておったそうです。でその教師のすすめに従って、哲学なぞという変な学問なぞには凝らんで、法科でも出て代議士にでもなったとしたら世間はどういうでしょう。私の郷里ではきっと花火を打ちあげてお祭りさわぎをしたに相違ないと思います。あまりにこの挿話は与太がかってきましたが、とにかくこれによって見てもことの一端がうかがわれると思います。それはしかし農民以外の人々ばかりではありません、農民こそかえって農民を捨てているものです。農家の女子がすすんで下女を志願するの現状を見る時私はあまりにもことの哀れさが甚しいのです。下女ならまだしも何かゆえに梅香る早春の機織《はたおり》機械を蹴って都会の俗塵、しも酒と賭博と女の渦巻く大東京の腐敗の中心地浅草の酒場へ身を投ずるのでしょうか。その男子の方になるともうお話しするの要は少しもありませんのでみなさまのご承知の通りです。野良着をどんなボロでもどんなに垢染みていても洋服と名さえつければよろしいのです、その洋服に着換えることが一生を貫く願望だったのです。しかもその願望は容易に成就を見ない。取残されたる敗残者として依然たる自然の恵みの如きは、視るとも見えず、聴けども聞えず。自らの住むあばら屋の生活の悲惨を慰められんために、苦心惨憺血のにじむ思いをして積み重ねた零細な金をふところに東京見物に出掛ける、いや東京の煉瓦とコンクリートのビルディングをオガミに出かけるというのです。徳川将軍の低能極まりない顔をおがめば目が潰れると信じていた昔の方がよほどましのようだ……、しかも一般世人は7層を数えさらに8層を誇るデパートメントストアのわきへ雨漏る農家をもってきたらもちろん農家は眼の中に入りそうにもない。そしてペンペン草生えよかしのデパートを仰ぎ見ることに我を忘れる一方、みすぼらしさを日に加えゆく農家の屋根が雨漏り始めたら世人の生活はどうなるか等のことはもちろん夢にも思わんのです。みなさま、日本はかくの如くにしてどうなるのでしょう。いやどうなったのでしょう。

以上話が大分変調をきたしてまいりましたが、お話し申し上げたところによって日本農家の窮乏がどこからくるのか、そして同時に、日本のこの悲しむべき状態が何によってしかるかの一端を瞥見し得たように存じます。しからばいかにせんか。

《解説》

タチバナ主義的説明の後半は文化論です。日本史は、官治と自治が入れ替わり立ち替わりしたという認識であり、鎌倉時代は自治がいきわたった時代としてとらえています。その後、豊臣徳川による天下統一の過程で年貢が高くなるなど農民の搾取が行われ、刀狩りなどで農民の抵抗力も奪われていきました。そして明治維新が起こり、武家政権による搾取からの解放だったはずが、結果的にはイギリスの真似をし、都市集中、金融万能の社会となってしまったとみなします。これは権藤成卿の説を全面的に受け入れたものです。

権藤成卿と橘孝三郎は戦前日本の右派農本主義の両巨頭として並び立つ存在です。実際両者の問題関心は似通っていますが、その叙述は微妙に異なっています。第1篇第2章の解説でも述べました通り、孝三郎は農村自治を主張する点は権藤と同じであるものの、権藤ほど復古的、反資本主義的ではなく、また、ある程度機械工業や経済を統制する国家権力の存在を認めているところに特徴があります。孝三郎にとっての農は愛国同胞主義に基づく国家に包摂される農といえるのかもしれません。

こうした問題関心の微妙な違いは、古代の天皇に対する評価にも表れています。孝三郎が戦後著した『天智天皇論』は第10代崇神天皇から大化の改新までの歴史を語っていますが、その叙述と権藤の『自治民範』の議論は、各天皇に対する評価が異なっています。細かく論じる紙幅はありませんが、特徴的なもののひとつに「屯倉《みやけ》」に対する史論の違いがあります。権藤にとっての屯倉は社稷の実践形態でした。社稷とは政府権力に替わって権藤が重んじた共同体のことで、社は土地の神、稷は穀物の神を指し、同じ村の氏神、産土神を信じる人たちが結束した集団のことです。権藤にとって屯倉は第13代成務天皇によって成立したもので、食料を備蓄したうえで非常時や困窮者に開放するものだと論じました。屯倉は民衆の自治に基づ

く相互扶助の表れだったのです。屯倉は資本主義でも共産主義でもない道の一つの実例でした。そのうえで第22代清寧天皇期以降の屯倉は権力支配の道具となってしまい、民衆の農奴化、荘園の先駆けをなしたと嘆くのです。

孝三郎にとっての屯倉はそうではありません。孝三郎は屯倉を第27代安閑天皇期に成立したものとみなし、屯倉は天皇の直轄地であり、天災への備えや救貧ではなく軍事的な兵站としてとらえました。このころから祭祀財政と政府財政が分立し、屯倉は政府財政を担う存在であったと論じるのです。戦後歴史学では屯倉は天皇の直轄地、直轄民を指します。孝三郎の『天智天皇論』は戦後書かれた本ですので、歴史学の成果も取り入れていたのでしょう。

このように権藤と孝三郎の意見は細かく見れば結構異なっているのです。孝三郎は富国強兵の証としての農業重視で、戦時における食糧問題の重要性を語っていますが、権藤は地方自治、相互扶助の証としての農を重要視する立場で、無政府主義にも近接したところがあります。権藤の著作集は、無政府主義の黒色戦線社から出されています。

権藤の議論は、アジールとしての社稷論といった雰囲気があります。アジールとは世俗権力の及ばない逃げ場所を指します。前近代社会までは、あまりに有縁社会なため、商人等共同体を横断する「無縁」者の集いがアジールと化しました。しかし近代にこの構図は逆転し、人々は孤立し無縁化し、政府権力が肥大したことにより、世俗権力からの逃避場は、伝統的信仰的共同体（≒有縁社会）となったのです。権藤や民俗学者の柳田国男はこの有縁社会アジール論の代表選手といえるでしょう。柳田は『明治大正史　世相篇』で、農山村がそれまで日用品を自給していたにもかかわらず現金で外部から購入するようになり、また農業も市場価値が高い作物ばかり作るようになるなど、都市の商人の理屈で動くようになったことで、農山村の共同性が解体され、孤立と貧困が人々を襲うようになった様子を描いています。

明治政府は維新後、文明開化の政策を進め、維新を起こしたことによって、伝統文化が覚醒すると期待した層を裏切りました。幕末命を懸けて維新に奔走した志士の思いは裏切られたのです。西洋化ばかり進めている政府など信用できん！　こうした憤りを踏まえないと、権藤や柳田の有縁アジール論は理解できません。

権藤は、昭和維新を起こそうとした青年将校に思想的影響を与えましたが、テロによる変革には批判的でした。権藤は孝三郎にテロに参加しないよう注意していました。「（橘に）ピストルを握らせるな、こんど（井上日召のような）事件を起こすと間違いなく死刑だ」といっていたのです。権藤は、クーデター等による政府転覆よりもアジール構築に希望を見ていました。

本章の後半部では東洋について語っています。孝三郎のアジア認識は、農村共同体を国家存立の基盤としていることにおいて中国の王道と日本の皇道は本質的に同一であり、またタイ、インド、ペルシャなど全アジア諸国にも共通であるから、西洋近代唯物文明の侵略からアジア民族を解放するためにアジア諸国の大連合組織が結成されなければならないというものでした。

昭和12年に書かれた「昭和皇道大維新綱領書」と名付けられた原稿には以下のような記述があります。

「日本同胞の大宗教家たる一系の皇室を大中心に仰ぎ奉つて同胞一列一体、兄弟関係のそれに固く結ばれ得るに足る皇道国民共同体制の日本をいち早く実現して、かくして後に、皇道日本主盟アジア更生に成功し、かくてさらに世界皇道文明をおり出すべく我々は何より先に皇道国体の根本大義の存する所に、しつかりと立てなほらねばならんのである」

孝三郎はアジアを再興するために、まず日本の大義を立て直すことを望んでいたのです。明治維新後、東洋文明と西洋文明の違いをわきまえずに西洋崇拝、都市中心の唯物文明にうつつを抜かした結果、農本を離れ個人主義に陥り亡ぼうとしているという危機感があるのです。

本章では橘自身の体験も書かれており、それがとても面白いところです。孝三郎は哲学的思索から帰農しましたが、世間は狂者とみなしたというのです。孝三郎が心を病んだのは哲学的思索によるものだと主張しています。そのうえで、郷土で農民になるより東京で政治家になる方が良い生活なのか？　と問うているわけです。都会で年収が高い方がいい生活だとみなす風潮は今日でも変わりません。たしかにカネはないよりはあったほうが便利でしょう。しかし、それを得るために精神の健康を失うようでは、本末転倒と言えるのではないでしょうか。

第3篇　日本救済の大道

第1章　西洋資本主義唯物文明の超克と日本愛国同胞主義

ただいまも申し上げましたように、私はみなさまのためにお招きにあずかって、こうしてみなさまのために、そしてそれは日本のために、真心からお話ができるのです。みなさまはこうして昼の激しいご活動でご疲労の極、充分のご休息を必要としておられるにかかわらず、深夜こうして私のような一介の農民が物語る、はしたないしかしながら真心からの話を真心もてお聞き取りくださっている。この真心と真心の世界、ここそ私は私ども人間の真実世界だと信じておる。いや信じておるというのではございません、この世界を離れたなら、三度の米の飯を離れたと同じように私という人間は、魔物でなく、鬼でない限り、人間としては生きてゆけないのであります。かくして我が愛する祖国日本もまたここに生きているのだと信じております。我々はこうしてみなさまのような軍人方も、私のような百姓も、ともに日本人たる以上兄弟だ、同胞だという観念と、そうしてお互いに我々は日本人としてかように兄弟として生きている以上、この兄弟意識の上に日本を真心から抱きしめて生きてゆくことによって日本がはじめて生きてゆけるのだと信じておるのであります。即ち日本は愛国同胞主義によって生きているものと申さねばなりません。同時にみなさまのような軍人方も、私のような百姓もともにこうして日本人として真心を捧げかつ受け容れ合って全く兄弟の如く生きていける。さらにお互いにこうして日本を憂いかつ愛してそのために身命を賭し得るように日本ができておるからこそ我々はこうしておられるのだと信じます。即ちここに日本の国体の極みなく貴い、かつありがたい訳合があるものと信じております。だから我々は常に申しておる「日本は愛国同胞主義に生き、愛国同胞主義は国体に生きる」と。そしてかように私の唱えております愛国同胞主義は必ずやみなさま方の真心からなる賛成支持を得るものと信じておるものであります。

右申し上げました私の題目は、決して歴史社会的実在性を離れましたところの、虚構的空論では毛頭ございません。この点特にみなさま方のご注意置きをお願い申したい。なるほど歴史の草創は夢の如くにしてつかまえどころがないに相違ございません。しかしながら、畏れ多くも我が神武天皇が国をお肇めに相成りました事情を拝察いたしまするに、彼の西洋諸国において普通示されておるような、いわゆる征服国家と申しまして、農耕部民を武力を以て征服いたし、これを奴隷化してこれに経済的給付一切を負わしめ武力を有するものはその上に君臨して一国家を打ち立てましたのとは根本的に相異なっておるのであります。かえってその正反対を成就なさりましたので、即ち長髄彦が農耕部民を切り従えて征服国家の芽を吹き出そうとしておったのを東征遊ばされてこれを打倒し、奴隷化された農耕部民を解放なされた、換言すれば国民解放の実を行わせられて、ここに私された覇道化された日本を始めて王道化し、以来万世一系世界に比なき国体の基礎を定めさせられ給いしものと解せざるを得ないのであります。でありませんで、もしも征服国家を神武天皇が打ち立てられたものと仮定いたしますならば、大化の改新をどう考えてよろしいでしょうか。日本歴史にその比較を見出すことのできない国民解放、国家改造の大革命が中大兄皇子即ち天智天皇の御手によって成就されたなぞという事実は考えても見得ない事柄だろうと存じます。

　とにかく何事によらず西洋流にほか物を見ず、物事を考え得ないようになっておるただいまの人々には東洋の、特に日本の上の如き特別な事情が全く解せられないように思われます。革命あるいは改造と申せばいわゆる弁証法的唯物史観の示すような階級性にのみ結びつけて考え去ってほかあるを知らないもののように見られますが、かような考え方はとんでもない偏見に人々を陥れて救うべからざるものにしてしまうものです。我々は理屈で現実をしぼり殺してしまうようなことをしてはなりません。理屈は現実をほどくためのものでなくてはならんのであります。

　余談はさておき、日本におきましては、国がある支配者によって危くされますと、きっと君民一体で愛国革命を遂行し来たのであります。これが即ち日本の永遠性を確実にしてきた根本義であると同時に、ここに国体の比類なき貴さが光っておると申さねばならんのであります。ところが目下我々の生活実状はどうなったでしょうか。日本の現状は何としたものでしょうか。

考えてみるまでのことでもなければ語るほどのことでもありますまい。日本もよくもここまで腐れたものだと思います。実にひどすぎる。何でも金です。金の前には同胞意識もなくれば、愛国精神もない。国体の光の如きはどこをどうしてしまったのだか、すでに認識の領域をすらかすめないように思えます。申すまでもなく金を得んがためには誰よりも上手に買い、誰よりも上手に売らねばなりますまい。この売買はもちろん商品にのみ止まるものではありません、一切合切何でもかんでも売り得るものは売りとばす、そしてそれを誰でもが精限り根限りありったけの力を尽していってゆく。株券や商品ならもちろん営利的売買目的に造られておるのだから当り前だが、目下人々は平気で地位を売り名誉を売り節操を売る。いや同僚を売り妻子まで売る。そしてついに国家まで売る。売国奴の溢れたることけだし現状に過ぎたる時代が日本歴史のいかなる時期に見出されるでしょうか。そしてその内状の醜にしてかつ浅ましきは到底目も当てられない。一切は金力によって独占化され、支配者の堕落はその極端に達して万民枯死せんとしておるの現状はまた我々をして黙視することをゆるさんのです。――考えるまでのことではない、語るまでのことではないと思いますもののつい申し上げずに止まれなくなる。

この間、車中で純朴その物な村の年寄りの一団と乗合せました。耳傾けるともなくそれらの人々の語り合っている話に耳傾けて、私は皇国日本のための心中、泣きに泣かざるを得なかったことがありました。その老人達が何を語り合っているかと申すとこんな話をしていたのです。「どうせならついでに早く日米戦争でもおっぱじまればいいのに。」「ほんとうにそうだ。そうすりゃあ一景気来るかも知らんからな、ところでどうだいこんなありさまで勝てると思うかよ。何しろアメリカは大きいぞ。」「いやそりゃどうかわからん。しかし日本の軍隊はなんちゅうても強いからのう。」「そりゃ世界一にきまっている。しかし、兵隊は世界一強いにしても、第一軍資金がつづくまい。」「うむ……」「千本桜でなくともとかく戦というものは腹がへってはかなわないぞ。」「うむ、そりゃそうだ。だが、どうせまけたって構ったものじゃねぇ、一戦争のるかそるかやっつけることだ。勝てばもちろんこっちのものだ、思う存分金をひったくる、まけたってアメリカならそんなにひどいこともやるまい、かえってアメリカの属国になりゃ楽になるかもしれんぞ。」私は実にこの純朴な老人の言を聞いて全く自失せざるを得なかったのです。みなさまどうです。ここまでくればもう何もかもない。そして失礼だがみなさまは高禄を食んでいられるから世の実情に少なからず遠ざかっておいでになるだろうとご推察申し上げますが、前に私は農家経済の解剖を試みましてご説明申し上げたところでほぼおわかりだと信ずるが、上のような恐るべき言を農村の老人の口からまで聞かねばならん事実を決して根拠なしと申すことはできないのです。衣食住は人間生活の根本です、その如何によって並の人間は菩薩にもなれば、狼にもなる。特権階級、政党屋、財閥等、いわゆる支配層に属するものが常に売国奴的行為をあえてしておって眼中国あることを知らんようになってしまった時、その下敷となっている勤労大衆がどうして彼等の指揮の下に彼等の支配せる国を国と思うことができましょうか。現にかくいう私は、彼の日本一なりと称せらるる大銀行の大御所なるところの人物が、自分の伜《せがれ》を英国のイートンスクールへ出しておるのだが、そいつがその処を卒業するとケンブリッジあたりへはいって出るとロンドンの従って世界金融の市場の心臓なるロンバートストリートへやって仕込む、そいつを日本へつれて来て日本の金融界の王座へすえる。こんな人間を私は私の同胞たる日本人なりとはどう考えたって考えられんのです。しかもこの「日本人でなし」に金をせびらにゃ日本の政党政治なるものが立っていけず、日比谷座で財閥の印袢天を着にゃ泥芝居がうてんというにいたって到底私はこんな政治を日本の政治と思うわけにはまいらんのです。かくて動かされておる日本の現状はごらんの通りで、こんな日本を私は日本と思うわけにはまいらんです。しかるとき私どもの納税の義務、兵役の義務なるもののわけがわからなくならずにおられましょうか。——語るまでもないと思う事柄をつい語らずにおられなくなりましたが……。

よく人々が申しておるのを聞きますが「人は環境が悪くては駄目だ」ということです。しからば良い環境とはいかなるものをいうのでしょうか。百万長者を父に持つことでしょうか。陸海軍大将を叔父に持っていることでしょうか。政党の巨頭を友人に持っていることでしょうか。こんな愚問はみなさまを侮辱するも甚だしいことで塞言を取り消しましょう。誠におかしな申し方ですが、一番良いのも人だが、一番いやなのも人です。人は人を離れて存在し得ません。そして人の環境の良し悪しを決定いたしますも人それ自身にほかならんのです。通俗な話ではありますが、あまりに血の滲む現実の問題としてこの間の事情を一寸考えて見ても、良い親を持ち損ねた子ぐらい惨めな者はありますまい。その逆にでき損ねた倅を持つ親の身ぐらい苦労多いものもありますまい。兄弟不和ぐらい残酷を極めるものもありますまい。夫婦関係の乱れはついに殺人にまでいきます。一悪友は以て十の良友を葬るに足るのです。そして以上の逆もまた常に真であります。大は相ともに愛し愛されて相互信頼、時に生命まで捧げ得るの親子、兄弟、夫婦、とさらに隣人の関係あるところにおいてのみ最善の環境を見出し得る以外に最善の環境なるものを所有し得ないのであります。事実相ともに枕を並べて死につき得るの血盟の同志ならば天下国家の大事をすらよく負担し得るのではありませんか。——ところが目下の状態はこの通りです。

我々の間にどこに相愛の涙ぐましきものが示されておるでしょうか。相互信頼の刎頸的なるものが見出されるでしょうか。あまりにもなさすぎる。彼のある徒輩の社会改造を口にする者の如きすら、眼中あるものはただ胃袋と生殖器だというにいたっては実に言語道断、沙汰の限りと申すべく、一般都市人の如きにいたってはもう思い起すにすら堪えられない物ばかりです。なおかような時代の悪風から最も遠くへ置かれておると申されるみなさま方軍隊の間の事実すらどうでしょうか。さらに最も神聖にしてかつ恵まれてあらねばならん土の勤労生活者たる我々農民の間さえ、もうだめです。いやむしろ農民ぐらいひどいものはないとすら極言したくなるのです。何しろ日本の百姓が娘を生んだということの喜びを女郎に売れるから、紡績工女に出せるくらいな点に見出すというにいたっては亡国と言おうか、何といおうか、話もここまで来ればおしまいです。そしてこんな話はもうここらでおしまいにいたすのが至当でしょう。ご無礼いたしました。

ただしかしここでみなさまとともに大真面目に考えねばならんと存ぜられることは、かような悲しむべき人々の主観状態と人々の相互関係がいかにして結果されたかという事実に対する歴史的社会的原因のそれに就いてであります。もちろん日本がかように相成りましたのは偶然に、そして今日に始まったのではありません。一貫されたる歴史の流れと、社会の成長発達の道程の上にまきおされた歴史社会的結晶の一にほかならんのであります。私はただいまいかにしてかような歴史社会的結晶が結果されたかの因果を歴史的に深く探求するの暇をもっておりません。ただここではいわゆる近世資本主義西洋唯物文明社会なるものの諸相と本質について若干の考察をくだしたく存ずるのです。

私はここで前に掲げましたところのタゴールの言葉を思い出します。即ち西洋文明は「都の堡塁」の内側で育ったということです。換言すれば近世資本主義西洋唯物文明なる歴史社会的結晶は都市を中心として結晶されたものであるということです。従ってその創造群は市民にほかならんということです。同時にこの資本主義西洋唯物文明は純粋にヨーロッパ的なものであって東洋のそれとは全く文明の本質形相を異ならしめているということに往意していただかねばなりません。もちろん東洋にも都市と称せらるべきものが古からあったにちがいありません。しかしそれは地中海沿岸に発生発達した都市とは全く本質を異ならしめておるもののみです。また従って西洋唯物文明の結晶の中心たりし如き都市と、その創造の原動力であったような市民は存在しておらんのです。かような点についてもタゴールはなかなか要領のいい物の言いあらわし方をしております。彼はインドの文明は森林文明であり、インド人の生活は森林生活であって、天地大自然の中から生まれたものだという意味のことを申しておる。同様な事柄がシナについても申し得るので、シナにしろインドにしろその社会は常に大自然を基礎としておるので、換言すれば農耕を本としておるのでして、西洋の都市中心のものとは全く異なってる本質と形相をあらゆる点て具備しておるのであります。フェニキアやギリシアの古代のものから始まって地中海沿岸に発達した都市は農耕を本として、成立したのでは少しもないのです。それは前にも申し上げたように通商貿易をこととして、むしろ農村または農村国に寄生することによって発達成熟してまいったのであります。市民と称せらるる人々の考え方から、政治の仕方から何から何まで農村を土台として成立して居る東洋の文明とは全く異なっておるものを示しておるのであります。タゴールが申しますにギリシア人は物を考えるのに分け隔てをするといっておりますが、味わうべき言です。ここでこうした議論に深入りすべきものではございますまいが、少しく重大ですからその一例を取って申し上げてみましょう。例えばギリシア人の言うロゴスというのは思弁的精神を申すので、すべて物事は弁証法的に過程しかつ創造されていくものだというような考え方をしておったのです。これを東洋の方に比べると全く格段な相異が生れてきます。例えば仏教の方のネハンの思想とか、インド教のヴェーダの思想とか、儒教の仁とか、キリストの天国の福音とかいうような、人々が全く自他の区別を超脱して人々相互はもちろん、大宇宙に渾然として融合一致し得るような境地を開拓する如き思想や生活経験から非常に遠いのです。殊に文芸復興期を経て宗教改革を通過し、大陸発見から、重商主義時代に入り、やがてフランス革命からイギリス産業革命を見て近世資本主義がロンドン中心を以て発達するようになった近世資本主義唯物文明結晶下におけるヨーロッパは全く東洋的文明とかけ離れたものを創り出してしまったのであります。即ち思想においては唯物的個人主義思想が基調となって、従って唯物的個人主義的自由闘争主義となり、弱肉強食主義となる。さらにこのことは理智至上主義を採り、情的徳性の美を忘れて科学は万能の威を振い得るものの如くに偶像化されてゆく。かくて人々はただただ物質的利害関係を中心としてのみ烏合の集団生活を通商貿易の中心地、金融の中心地を選んで大都市的形態によって形造るようになると同時にこれを中心として一切の社会関係を規定しつつ社会過程を動かすにいたったのであります。この辺の具体的事実は何より大東京で目撃、体験し得るのが、我々の悲しむべき現状と申さねばならんであります。即ち我々は相愛観念を忘れた。相互信頼を捨てた。すべては徹底せる個人主義、理智主義、営利主義、売買主義云々、云々。そして大東京をかざる大デパートや、大新聞や、大銀行や、大ビルディング等々は何を我々に語っておるのでしょうか。こんな愚問を繰り返すことはさらに無礼を重ぬる上に余裕なき時を潰す以外の何物でもありますまい。よしにいたします。ただこれを、杳として夢の如くではありましても、唐虞三代の名によってのこされている東洋的原始共産体の農本社会に比べましたら、人間生活の本然に訴えてどんな感がいたしましょうか。いや、原始を今問うておる時ではありません。この悲しむべき状態を我々は一刻も早く何とかせねばならんのであります。そして我々はまず近世資本主義唯物文明の超克を力説高唱する次第です。それ自身東洋の真伝統精神に還ることであります。東洋の真伝統精神に還って、烏合的近世世界都市中心の資本主義社会を根本的に消解せしむるに足る、完全全体国民社会を築き上げることよりほかないと信ずる者であります。東洋の真精神に還って、世界的大都市中心に動かされつつある個人本位的烏合体的、寄合所帯的近世資本主義社会を超克、解消し得るに足る、国民本位的、共存共栄的、協同体完全国民社会を築き上げることほかないと信ずる者であります。かくてこそまた虐げられたる東洋を西洋の手より解放し得るものであると同時に、西洋をも救済し得るものと申さねばなりません。実に世界革命はロシアよりするものにあらずして日本より、ただ日本よりせざるべからざることを断言して憚らんものであります。ここに及んで私は再び申し上げずにはおられません。

日本は愛国同胞主義に生き、愛国同胞主義は国体に生く。

かくの如く申せばとて私は何でも西洋のものは否定せよなぞという児戯に類したことを申すのではありません。例えば国民総意の上に立たずんばよくその責任ある執行の重任を遂行し能わざる政治の中心首脳たる政府が何等かの形による国民総意の決を得るに足る機関を欠いて真に国民的の名に価する政治組織の如きは得て望むべきものではありますまい。しかるときただいまの議会的立憲政治は専制的ファシズムまたはプロレタリア独裁と比肩すべくもなく進んだ政治組織であることは議論の余地を認めん性質のものと解せざるを得ません。しかし形式から実体が生まれるものではありません。外皮は立派でも中味の腐った果物は最も恐るべき食物です。立憲的議会政治の形式に対する解釈も同断です。なお大産業形態を否定する者もないでしょう。ただ我々はそれが個人的営利的の目的のために独占され、生産力と購買力との間に間隙を生ぜしめあるいは多数の者の職を奪うが如くに過程するにいたって過程そのものを否定し、変革せんと努力するに過ぎません。即ち我々は個人主義的、唯物的西洋資本主義文明によって過程する社会過程をして共存共栄的、東洋的精神文明によって過程する新社会にまで変革しようとしておるのでありまして、このことは必然的に愛国同胞主義によってのみ生み出さるる、共存共栄的協同体国民社会を創造組織するということに立ちいたるのであります。このために必要かつ役立つものは議会よし、大産業よし何でも役立たしむべきこと一言の要なきところのものであります。そして特にこの際力説高調してみなさまの真剣な肝銘をお願いしたいことは、かような国民社会的革新はただ救国済民の大道を天意に従って歩み得るの志士の一団によってのみ開拓さるるものであるという一大事であります。ここに革新本義に対する要石が据え置かれてあるのであって、真の革新はこれを欠いて成立したためしは未だ歴史に少しも示されておらないのであります。かような大事をただ一死以て開拓いたすなどという志士は申すまでもなく何時の場合でも数において多くを求め得るものではありません。しかし天意によってただ選ばれた天意を行い得るの志士は各層に散在しておることも事実であります。そしてこれをして革新の大道を歩ましむべく一団たらしむるものも天意というほかありません。天意によって選ばれた少数の志士に、大勢なればこそ大衆が率いられて革新の大動行をまきおこすものにほかならないのであります。

ついでながら申し上げずに置かれませんが、最近革新本義を談ずる場合最も困ることは人々が例の革新の階級性なるものにとらわれてしまうことであります。例のマルクスの弁証法的唯物史観によって説明さるる如き社会変革の如き事柄はどこにも実際としてはありませんので、一片取るに足らん空論にほかならんのであります。さらに「万国の労働者よ団結せよ」なぞと申したところで問題になったものではないのであります。特に東洋に取りましては労働者が社会変革改造の原動力として新しき歴史の大回転を来たさしむるが如きことは夢み得べき性質のものではないのでありまして、マルクスの説くところはただ英国においてのみ可能なので、ほかにはどこにも当てはまるものではありません。なるほど救済され解放されなくてはならないのは国民大衆です。だから結果的形式から見れば被支配的国民大衆の支配群覆滅であり、従って革新の階級性的形式となるのであります。それを直ちにいわゆる弁証法的形式を取って、一つの型にはまった形式の上に革新が行われると同時にそれゆえに被支配階級に属する大衆を煽動し、暴力行動にまで動員することによってのみ革新の実が挙げらるるものの如く解釈するようなことはあまり事実を無視した話で、ことを誤ることこれより大なるはなしと思わねばなりません。歴史社会の実際はマルクスの書いた通りにはこぶべくあまりに生きておるし、複雑でもあるし、偶然を許容し過ぎるものです。殊に日本はどこまでも日本であって英国でもなくれば、ロシアでもなければ、ドイツでもありません。もちろんのこと日本のことはマルクスなぞが少しもわかったものでもなく、レーニンに指図を受ける筋合のものでもなく、ヒトラーの真似なぞできるものではありません。それをマルクスはそう書いていないとか、祖国ロシア共産党本部の司令がどうだとか、ヒトラーがこうしなかったとか馬鹿馬鹿しいことをならべて革新だなぞと申しながら純情無智な大衆を馬鹿にして大きな面をしておるいわゆる革命ブローカーの如きにいくら馬鹿でも我々大衆はもう馬鹿にさるるようなことはなくなったと信じますが、かような徒輩は俗にいう獅子身中の虫と称する奴で罪最も深く、立ちところに屠らねばなりません。革新を呼ぶ者はまず身を国民に捧げて立たねばなりません。生命に価するものは常に生命を以てのみすべきこと申すまでもありません。救国済民の大道にただ死を以て捧げたる志士の一団のみよく革新の国民的大動行を率いて立ち得べく、国民大衆はまたかくの如き志士にのみ従うほかないのであります。かような志士の一人はあるいは時に高利貸の子から出るかも知れん。あるいは時に百万長者の子から出るかも知らん、大勢はよく瓢箪から駒を出すようなことをいくらでもするからです。しこうして日本の現状に訴えて見る時どこよりも先にみなさまの如き軍人層にかような志士を見出すほかないのであります。そしてこれに応ずるものは何よりも農民です。日本は由来兵農一致することによってのみ日本たり得るのです。この未曽有の危機において何よりも先にあらねばならんのは愛国観念であり、同胞精神です。そしてこれを最も強烈に抱いておる者は申すまでもなく、みなさま方軍人と我々農民のほかないのであります。そして日本をしてこの未曽有の危機より脱出せしめ、さらに世界革命の火蓋を切らしむる者は、日本愛国革新の国民的大動行のそれにおいて兵農一致する時以外に求めらるるものでは断じてありません。あえてみなさまの深甚なるご考慮と鉄の如き決意をお願いせざるを得ない所以です。

《解説》

本章では、日本は愛国同胞主義によって生きており、愛国同胞主義は国体に生きるという主張を論じています。軍人も百姓も、ともに日本人である以上兄弟、同胞であるという観念が重要だと説きます。また、日本は君民一体で愛国革命を成し遂げてきたが、現在ではカネのために同胞意識も愛国精神もない、海外留学エリートによって率いられる日本は日本ではないと厳しく批判し、兵農一致を主張しています。

こうした日本の堕落を示す事例として孝三郎があげているのが、電車で乗り合わせた年配の一団の会話です。

「日米戦争でも始まればいいのに」「ただ、アメリカは強いぜ」「アメリカならそこまでひどい目にはあわないだろう」というこの会話は、戦後日本を予言するようでもあり、『日本愛国革新本義』でもっとも有名な箇所となっています。戦後においても猪瀬直樹『ミカドの肖像』（昭和61年）や桶谷秀昭『昭和精神史』（平成４年）でも効果的に使われています。『ミカドの肖像』は戦後払い下げられた皇室や華族の土地を買い占めて成功する堤康次郎、清二親子を描いた作品ですが、そこでは私利私欲を批判する孝三郎の理想主義と、土地を転がして成金に駆け上がっていく堤康二郎を効果的に対比させる場面でこのセリフが使われています。

また、世の人の眼中にあるのは胃袋と生殖器にすぎないという批判は、当時の日本主義者蓑田胸喜の強引な批判を招きました。蓑田は権藤が述べる「社稷」観念は本家のシナで形骸化したにもかかわらず、権藤が人の衣食住と男女の性欲の充足を國體としたことに強く反発し、「徹底的功利主義者唯物論者」であるとし、橘孝三郎もその同類だと批判しています。たしかに権藤はムラの構成員を大事にする愛民的観念から衣食住や婚姻相手に恵まれることを重んじた面はありますが、それを唯物主義だというのは早計なように思われます。ましてや孝三郎は『日本愛国革新本義』でもそうですし、『皇道国家農本建国論』でも「社会主義と言はず、個人主義と言はず、西洋唯物文明精神の本質に属する思想はその唯物精神の然らしむる処に従つて、だんだん聞いてゆくと、結局人間といふものは「胃袋と生殖器」だといふ事になつてしまふようだ。（中略）成程、人間は胃袋と生殖器に違ひない。さういふ言葉にはまことに耳聴けなくてはならん真理がある。然し、胃袋と生殖器である人間は同時に、頭脳と心臓であつた事を忘れてはならない」と、人間を「胃袋と生殖器」とみなす考えを批判する文脈で使われているのです。

なお、本章の叙述は戦後の孝三郎の『天皇論』を予告するような内容となっています。神武天皇は征服王ではないという主張は、天皇論1巻目2巻目の『神武天皇論』『天智天皇論』のはしりといえます。『神武天皇論』では、初代神武天皇の祭政一致の政治は日本史上においてばかりでなく世界史上においても最も理想的なものであったと論じ、神武天皇を政治的だけでなく日本の信仰を明らかにした存在としてとらえています。また、『天智天皇論』では時に神武天皇の理想が堕落してしまうことはあったけれども、そのたびに建国の理想を取り戻してきた歴史が語られます。また、『天智天皇論』では垂仁天皇の項で『倭姫命世記』に注目しており、神道と農本的世界観が重なり合ったところに理想を見ています。

いわば『神武天皇論』は神武肇国を日本民族の復古的大前進運動であり、民族固有の精神の自己実現であったと説きました。それに比して『天智天皇論』では、天智天皇の大化改新は神武肇国の復元現象と捉えたのです。

さらに、近世資本主義唯物文明は都市の文明であり、大自然や信仰を基礎とした文明とは真逆にあるとの主張は、天皇論4巻目の『皇道文明優越論概説』を想起させます。

『皇道文明優越論概説』は、タイトルから連想される世界のどの文明よりも日本の文明が優れているのだなどという偏狭な内容ではありません。シナ王道文明は宗廟と社稷による祖先崇拝、土の生活があったと説き、インド菩薩文明はバラモン信仰と収穫への感謝があったとします。さらにエジプトオシリス文明、ギリシア知性文明、ローマ共和文明、キリスト教文明においても「土とま心」の精神により人々は団結し、信仰を重んじ、収穫に感謝する文明を築いたと論じ、世界は文明本質論的に一つだと説きます。しかし唯物的功利的な近代西洋科学文明が広まったことにより、人々は分断され、私利私欲にしか目が向かないようになってしまいました。近代西洋科学文明や産業革命は人々の価値観をカネとモノ重視に転換させたのです。

そうした近世西洋科学文明の弊害を乗り越えるために、古代文明の善美を残す、すめらみこと信仰が残る日本が新たな世界文明を作るために必要だというのです。日本人は「舶来コンプレックスを根たやし」にして皇道文明へ回帰すべきであり、「神も人も大自然もみな「ま心」に一つすめらみことをたゝへまつり、ほめまつり、いつきまつる」、「かむながらの道」に帰ることが必要だといいます。日本人は皇道文明を生み出した者として、人類を生き地獄から救う世界史的使命を持つと論じました。孝三郎らしい非常にスケールの大きな議論だと言えると思います。なお、本章での孝三郎の東西文明論では、西洋文明は都市文明で東洋文明は農耕文明であるという東西対立に帰しているところがありますが、『皇道文明優越論概説』ではヨーロッパも含めたすべての古代文明が土とま心に立脚する文明に位置付けられており、西洋近代のみを否定する論旨になっているところは孝三郎の議論の深化を感じられるところです。

本章でも「東洋の真精神に還って、世界的大都市中心に動かされつつある個人本位的烏合体的、寄合所帯的近世資本主義社会を超克、解消し得るに足る、国民本位的、共存共栄的、協同体完全国民社会を築き上げることとほかない」と論じているように、東洋精神による資本主義の超克こそが孝三郎が目指すところだったのです。

第2章　国民解放策大要

第1　障害物掃蕩

まず大掃除てす。歴史あってこの方始めての大掃除を予期せねばなりますまい。大和魂なるものは外敵を打ち払う時のものでは決してありません。敵国外患なき時は国かえって常に亡ぶのです。敵は外にあるものより内に潜んでおるものこそ数倍、いや数十倍恐るべきものです。獅子は身中の虫によって倒れます。日本を腐らせ、日本を亡ぼさんとしておるものは決して外敵ではありません。ゆえにこの度はこの日本の最大強敵たる日本身中の虫は徹底的に掃蕩するに少しもの遺憾を残さんように注意せねばなりません。この腹さえしっかりきまっておればほかは多く申す必要はありますまい。各方面そのよろしきに従えばいいでしょう。

第2　内部清算

これが最も困難です。革新の大運動はこれに破るるがゆえにのみ破れるのです。この最困至難の大任を果すものは救国済民の大道をただ天意によってのみ歩み得る真人志士のみです。日本愛国革新に当たっては特にこの点をみなさまにお考え置き願わねばなりません。日本愛国革新の本道を歩まんとする場合、たとえいかなる重要なる立場に立てる人物といえども、いかなる有為の逸才たりとも大道を売る如きものに対しては立ちどころに一刀両断あるのみです。

第3　対内策

国民解放の対内策としてまず採らねばならんのは申すまでもなく人心の安定です。人心の安定はもちろん衣食住の安定であり従って職業の安定にほかならなくなります。例えば首を切ることは官吏、教員、職工等何によらず止める。その代わりに高い報酬と低いのを平均すればよい。しかしかくすることは決して有職的失業保険になってはならない。即ち各方面に生ずべき無駄をそのままにしておけというのではない。一時そうしておいて無駄を段々に整理していくという方法を採らなくてはならない。もっと具体的にいうならば革新日本においては各方面とも合理化を行わねばならない。今までのように、いうところの月給取りに７億も８億もの国庫の支出をあえてするようでは国が立っていかないにきまっている。それから生産にしたところで奢侈品生産の如きは徹底した打撃を受けることになるにきまっておりましょうが、しかも目下のところ大都市の産業は奢侈品製造に最も多くの力を割いておるのだから、必然的に失業者の波がこの方面からおしよせて来ることは予測するに困難ではないでしょう。従ってこれらの過剰群をどう片付けるかということを一歩あやまるとことんだことをひき起すおそれがあります。しかしこれに対しては少しも心配はありません。奢侈品製造の必要がなくなるかわりに必要品製造の必要は挙国以て当たらねばならんようになるにきまっております。何よりも食糧品生産と軍需品生産です。従ってその対策如何を少しく考えておかねばならんことになります。軍需品工業の方はその原料品工業たる各種の重工業まで国家管理の下に合理化した形式において、能う限り拡大すればよろしい。この方法はもちろん軍需品工業にのみ止まるべきものではありません。他の一切の国民的重大産業は国民社会的に管理経営しかつ拡大されなくてはなりません。この方面に吸収さるべき人員は失業者を許さんほどのものとなるに相違ありますまい。次に農業方面の事情を一考すると、まず耕地ということになりますが、これは前にも申し上げた通りで一向心配になりません。ただ新国民社会においては土地の国民的管理が必要とされるというまでのことです。これに対する対策はいくらでもあります。第１家産法を設定して農家の生活と生産を安定せしめること、第２に大地主をなくすること、第３に国有土地を開放して内地植民を部落建設的に行うこと。この三者が併行すれば合理的に土地を国民の手に収めることができます。これらの生産及び生活に対して金融は庶民信用の形において、即ち信用組合の形において合理化されればよろしいと存じます。さらに官吏、軍人、教員、大産業労働者等の消費経済と、農民の消費即生産経済とは市場を潰滅する方法に依らしむることなしにこれを合理化するに協同組合の形式に依り、合理化されたる経済自治制を採らしむることが最適です。ここまでくると救済策というより建設策の方で論ずべきものになりますが、しかしそれは一物の二面観です。しかしかような建設的安定策は二の次として何よりも先にせねばならん緊急救済策を実施して国民を現状的苦難状態から救い出さればなりません。

みなさまもご承知のところと存じますが、ただいまの制度によりますと、まるで無から有を創造し得る如くにいたしまして、1億でも2億でも金をふけるのです。さらに金の値打ちをいくらでも高くすることができるのです。しかもその結果は必ず国民大衆の頭上に加えらるるところの生活難となって現れてきます。かようにいたしまして結果しました目下の債務関係から国民をして全般的に解放せねばなりません。即ち借金の根本的整理を行わねばなりません。次に負担の根本的整理を行わねばなりません。ただいまのようでは結局日本は食い潰されます。しかし我々の見解主張は決して単に負担の軽減ということを意味しません。負担は多くともよろしいのです。要はその負担がいかに取り上げられていかに運用さるるやの実際問題になるのです。かりにいかに負担を軽減して見たところでその結果が各個人をして酒食に浪費せしむるが如き結果を招くとしたら、軽減せずにむしろ加重して国民的共済の事業を起さしめあるいは生産分配の資源的組織を形造らしめた方がよろしいというわけになります。ですからただ国民の歓心を買わんための負担の一時期軽減の如きは百害あって一利なきものと解すべきです。次には国民的生活必需品の経済的供給策を能う限り計らねばなりません。即ち物価を最も健全にかつ合理的に安定せしむるために必要な緊急策を能う限り実行する必要があるわけです。

上の如き対内政策を実行いたしますにつきましてはもちろんそれに対する適当な機関と組織をもたねばなりま

せん。これに対して、非常時政府は各方面の人材を集めかつ一般民衆をして民衆の実生活と全く不可分なる関係において至誠事に当らしめねばなりません。

上のようにして大体安定策の輪郭を示し得ましたように存じますが、これに対して教育も、政治も歩調を合わせなくてはならないことは二言の要なきところです。さらに人心の安定を職業的に図ると申してもただいままで行われたような、他力的恩恵主義を採ることは、断じて排撃せねばなりません。要は今まで睡っていた国民的力を各方面にわたって解放することが国民解放の解放たる所以であることを深く深く腹へおさめてかからねばなりません。ですから内部力の解放はまたは外的発現を必要とします。外的発現の必要がまた逆に内的発現を促すので両者は全く一物と思わねばなりません。希望なきところに安定はありません。我々の希望は世界革命にほかならんのです。

第４　対外策

もちろん我々のこの日本愛国革新は世界革命を意味するものです。また必然的に我々は資本主義的世界支配を一掃するの任務を世界史的命令によって申し付からねばならん約束の下に置かれてあるものです。内に存する我々の障碍物はもと外なるものと同根にして一族なりと見ねばなりません。さらに全くその本質と形態と利害を異ならしむる二者はいかなる領域を問わず衝突すべきは当然です。かくて近代資本主義西洋唯物文明の全世界的超克が日本を中心として予約されたるものと申さねばなりませんが、しかしこの世界革命への大動行は逆に内部へ対する最大なる拍車にほかならんのであります。両者は同一物の二面にほかならないので、こと一度起れば全面的に起こるべきものと解さねばなりません。現実が我々に指令するところを忠実に実践いたさねばならん時この事情は直ちにうかがいしられるものと存じます。例えば満蒙問題の如き、これをいかにせんかということは自国の更生を前提としてのみ可能であると同時に、外に対しては土匪を云々するが如き事柄は末の末なるもので、まずアメリカをたたき伏せ、さらに国際連盟を屈伏せしめることから始めなくてはなりません。しかもこれを堂々大義名分の示すところに従い、人類共存共栄の大理想実現の名において敢行し得るものは日本を中心出発点としてのみ行い得る近世資本主義西洋唯物文明の超克即ち日本愛国革新あるのみだと信じて疑い得ないものであります。ただみなさまは私のかような話をお聞きになってこの世界史的大偉業を遂行する実力を日本が有しておるかどうかということを頗る疑いかつ憂えなさることと存じます。一応ごもっともです。しかしひややかに現実をお眺めになったらどうですか。日本はご承知のとおり債務国にして輸入国です。外国からの受取というものは金にしていくらもあるものではなく、その逆の場合が多いのです。しかるにもかかわらず、あの大東京の出現です。それなら全体その資源はどこにあるのか。まさか大東京が天から降ったわけでもなく地から湧き出しだのでもございません。みなさまは前にお話し申しあげた巨大なる大東京集中がどんなに地方農村を土台にして行われつつあるかをご承知でしょう。年々大東京へ集められる金と人と一切とは、とても計り知ることは不可能です。この大東京と地方農村との関係はまた同時に人々の間における金融、大産業、地主等の独占階級あるいは独占団体と一般民衆間における関係に等しいのです。関係におきまして、もしも大東京製造の負担及び大独占団体扶養から地方と一般民衆が解放さるるならば、日本国民力が我が世界無比なる陸海軍を世界革命にまで動員し得るの実力を有すべき事実はこれを疑うべくあまりに著大なことと申さねばなりません。一挙にして太平洋上のアメリカの勢力を粉砕し、シナ軍閥の勢力をシナ4億万農民の頭上より一掃し、再転してインドを英国より解放し、ロシアをしてその非を悟らしめてその5／8以上を占むる農民本位の革命を遂行せしめ、ドイツを立たしめ得べきことの世界史的大日本を我々は今ここで夢み得ないと申すことができましょうか。かつてフランス大革命のそれを一考してみても明確におわかりと存じます。即ち革命前におけるフランス民衆即ち農民の窮状とその直後におけるナポレオンのフランスとは全く一を以て他を推し得べき性質のものではないのであります。しかも天はこれを行わしめておるのです。往時のフランスすらなおかつしかりです。現在の日本がどうして世界大革命の天意による世界史的大使命を果し得ないと申すことができましょうか。

第4篇　新日本建設大綱

この大問題を一個人の頭脳で私議するようなことは断じて許さるるものではありますまい。ただ目下はみなさまのご質問にお答え申さねばならない責任上から、私案を一私案としておききとりくだされ、将来に対する見透しの、たとえ葭の髄から天井を覗く体のものに甘んじ得る如きものでもよいから、得たいと願っている次第であります。もちろん抽象的理論を一切廃して、客観性を有する、社会組織そのものに立脚して語るべきです。私はよって政治、経済、共済、教育、国防の五者をとり、これに対する組織をいかに改造すべきやについて一考することに止めたく存じます。

第1章　政治組織

人間が人間どうしを手段化するということは絶対に許すべきものではないのであります。ところが徳川封建より明治維新を経て今日にいたるまで、この許すべからざる人間手段化が徹底的に行われてまいったのであります。即ち徳川封建武力支配に続くに、官僚、財閥、政党的金力支配を以てし、今日のような最悪な支配状態と人間手段化を出現せしむるに立ちいたったのであります。かような状態から一日も早く日本を救い出すべきことそれ自身が我々の愛国革新にほかならんのでありますが、しからばこれに取って代わるべき政治関係及び形態はいかなるものであらねばならんかも自ら明瞭な事柄だろうと存じます。即ち上より下への方向を取って国民の頭上に重圧さるる政治的支配を一掃して、支配に取って代わるに国民をして協同自治せしめねばなりません。国民をして協同自治せしむる如く統治せねばなりません。ですから国全体からながめると国民的統治となり、国民個々からながめると国民的協同自治にならねばならんということになるわけです。ここではただいまの如く国家と個人が支配と被支配関係によって対立するが如きことは許されなくなるわけで、統治の中心に立つものは国民をよく協同自治の実を挙げ得るが如くに指導し統率するの任に当る一方、国民はその指導統率下においてよく協同体制中に自治するという形になるわけです。かように申し上げますと大変回りくどくなりますが、一言昔の王道に還るということになりますので、国全体が原始村落共産体を大きく引き伸ばした、協同体完全国民社会を出現し得る如き政治組織を出現せねばならないということになるのでありますが、それはとりも直さず、国民的協同自治にほかならんのであります。必然的に愛国同胞主義の政治組織でなくてはならないということになるわけです。即ち愛国同胞主義による王道的国民協同自治組織の政治組織でなくてはならないということになるわけです。

　これこそまた我が国体そのものの本質をなすものであったのでありまして我が国体はかくてこそ始めて世界に教えることができるのだと考えられます。

　上に述べましたところをお考えくださると我々の建設すべき政治組織形態がどんなものであるべきかを知るに足ると存じますが、一応今のものとどんなに異なるかを考えてみる必要があると存じます。ただいまの政治を議会政治だなぞと申しますが、もってのほかで、みなさまの前には二言の説明の要もなく、議会の如きは国民総意を表白議決するところでもなんでもなく、支配団の全然私するところとなっておる次第で、官僚、財閥、政党の金力支配下に一切が立たざるを得ないのでありますが、これを根本的に破壊いたしまして、これに取って代わるにファシズムまたはプロレタリア独裁の如き支配を置き換える等のことも絶対的に許さるべきものではありません。我々の愛国同胞主義による王道的国民協同自治組織の政治組織は国民全体の利害を眼目として組織さるると同時に、国民的総意を土台としてのみ活動の実を挙げ得るものであらねばならんのであります。されば何よりも先に国民全体の利害を計り、国民的総意を表決するの組織的機関を欠くことはできません。そのためにはもちろん強固な中央政府と地方組織とをして政治的執行の実際を司らしむると同時に、それに応ずる国民的決議機関たる議会を欠くわけにはまいりません。かくてのみ一切の支配を排除し得て国民をして協同自治せしめ得るものであったのであります。ただこの際いかに実際的に我々の主張する愛国同胞主義による王道的国民自治組織を建設すべきかはこの後の国民的大問題であって私の如き一個の人間がこの席上で責任あるお話なぞする如きことは狂せざる限りできないものでありましょう。しかし我々の明日の政治組織はあくまで地方協同体の協同自治制体を土台として根本から築き改めねばならないことだけはみなさまもご賛成と存じます。即ちただいまの如き中央至上主義的な集権制の如きは、根本的に改められて地方分権的のものとなし、これをして国民的協同自治主義の実を挙げしむるに適当なる如くに連盟せしむるに強固な中央を以てせねばならないと存ずる次第です。

　およそ政治機関として決議と執行の両者は車における両輪の如くあるいは唇歯の如く一を欠いて他あることを許されない性質を有するものであります。しこうして決議機関の作用はどこまでも国民全体を土台としてこれをいささか比喩的に説明申し上げるならば、下から上へ向かっての作用たるべく、その反対に執行は上から下へ向けられたる作用となるわけです。しこうしてこの両作用は運動における動及び反動のそれと異なるところあってはなりません。この両作用は国民政治組織の全体内において最も調和的にして不可分的関係に置かるべきこと車の両輪、あるいは唇歯の如くにして始めて我々の期待するところの政治的機能を発揮し得るものと申さねばなりません。我が愛国同胞主義による国民協同自治政治組織のもつべき政治機関もまた上のような機能を充分発揮し得るものでなければなりません。

　上に掲げた原則に従って、政治組織をいかに建設すべきやの実際問題は、申すまでもなくここで私議すべき性質のものではありますまい。それを無理に申し上げねばならんといたしましたら、この実際問題は新日本建設委員会に委ねるがよいとお答えし得るくらいです。ただしかしここでご注意申し上げておきたく存ずるのはあらゆる社会組織がしかりし如く政治組織も一つの国民社会的成熟にほかならないということです。そしてそれは当該国民社会の総体関係から徐々に成長発達さるべきもので一夜作り的に、機械的に、あるいは模倣的にでっち上げらるべきものであってはならないということであります。

第2章　経済組織

強いて混乱をまきおこし、滅亡を招くようなことを人間として誰もあえてすべきものではないと存じます。しかし我々の経済活動は不幸にして文字通りこの不幸です。一切は価格的に動く。価格は個人主義的営利主義精神によって動かされておって、人々はただ利をのみ追い求めて他あることを知らず、そのために個々が全体を相手に血みどろな闘争を続けながらそれでどうなるかと申せばとも潰れに潰れなくてはならないのです。身命を賭して国防の重任を果しつつあるみなさま方や、勤労の限りを尽して日本人が一日も欠くことのできない米を生産しつつある我々農民の立場に立って考えてみると、あまりにでたらめが甚し過ぎてどう考えてよいか全くわけがわからなくならざるを得ません。何しろ今の世の中ぐらい人間生活に不必要な仕事をするのに一切を挙げて騒ぎまわっているのも珍らしいことでしょう。この事情は何より大東京へまいって見るとよく知れる。あの雑沓が何のためかと考えてみると実にはかないもので何にもない。早い話が金になる仕事ならどんなことでもする、国でも売る、が金にならないとどんなことでもしない、国が亡びても見ておるというのです。しかも金になる仕事という仕事と金を生む資源という資源は金のある者、権力のある者にすっかり独占されていて、金のない権力のない民衆は手も足も出ず貧に苦しむばかりか、世の中のために活動しようと思っても活動することができないというようなありさまでは世の中は潰れるほかないでしょう。そして目下世界中がこうした悲しむべき状態に投げこまれておるのでありまして、日本の現状は最も悲しむべきものの一に属しておることはおおうことのできない事実です。もちろん一日も早く変革しなければなりません。

何よりも先に一切の経済活動を人間生活の正しい目的に従わしめねばなりません。日本という国民社会の立前から申せば愛国同胞主義精神によって生きつつある国民協同自治体制の維持であり、発達であり、繁栄であり得る如くに一切の経済組織を国民社会的に統制しかつ組織立てねばならないこと多言を要せざるところのものであります。これを個人生活側からながめますと徹底せる厚生経済生活ということに相なるわけです。即ち各個人はその各個人の天職とするところのものを社会のために果すことによってよく一身を持し、一家を保ち得て人生の意義を全うし得る一方、社会をして、各個人をしてしかなし得るが如くに経済組織を発達せしむると同時に、かくあることによって社会は社会それ自身の機能を組織的に発展せしめ得るが如くに計画立てられたる経済であらねばならないということに相なるわけです。この原則に従って経済を社会的に計画立てねばならず、同時に個人の経済生活を営利主義的価格経済生活状態より救って厚生経済生活に入らしめるために必要な一切の手段を尽さねばなりません。この目的のために政治も、教育も充分の用意と活動を起さねばならんことは言をまたないところでありますが、ただいまはそれは除外として純粋に経済的範疇に属する事柄の、さらに重大なるものについて二言申すことに止めます。

　申すまでもなく一切の国民的に重大な資源、生産手段、流通機関の営利目的による独占及び運用を厳禁すると同時に経済を国民的管理の下に置きかえて、かかる事態の発生を禁断し得ることは法の力によってすでに達成せられたるものと仮定します。かくて一切の経済組織を厚生目的に、社会目的に、計画的に組織立てざるべからざることは前言の如くでありますが、目下の如くに金―物―人というが如き関係にある経済組織を全く一変して人―物―金のそれに改めなくてはなりません。かくの如き経済組織に対して何よりも重大な関係を有する経済的条件はけだし土地と金融にほかなりません。この二者をどうするかということは新社会における新経済組織の重心をなすものと言って可なりだろうと存じます。この二者を上の人―物―金の組織に適する如くに立前し、仕組むということは新社会の経済建設上最も大きな具体的問題であります。この二問題に対しての実際的方案は土地に対しては東洋の古制が最もよき実例を示していてくれるのでありますが、金融に対しては世界大戦後の混乱からただいまにいたるまでなお目も鼻もつかず、最も困難を感ずるものと存じますが、それとて金融の科学的管理は着々その芽を萌きつつある実状を見ればこれまたたやすく解決し得るものと信じます。そして最も注意を惹きつつある大産業は主として国民経営の名において社会化すれば難なく解決し得るもので、多く語る必要はないと信じます。

以上ごく骨だけを申し上げましたがこの解決の実際は申すまでもなく建設委員会の手によって万全を期し得るもので私案を私議することをこれ以上いたし、みなさまに迷惑をおかけすべきものではありますまい。ただここで一応ご注意までに申し上げて置きたいのは日本人はどうも模倣性に富んでおるためか、西洋のものというと無批判に真似したがるおそれがあるようです。今度なぞも赤露病にすっかり取付かれておる傾向がある。その内容実績を検討せずに、それが全体としてのロシアをいかに向上せしむべきやを仔細に研究することなしに、さらにそれが日本の実際に照して、実際的にいかに模倣し得るやを考えることなしに、さらにまた日本の現状に即して果して日本の急を救うものは大産業の国家経営なる方法のみが唯一のものであるやどうかを現実的に考えることなしにロシアの真似をして何か得られるとお考えになりますか。学ぶべからざるものを学び、採るべからざる方法を採った場合危険は最大です。たとえ飛行機と飛行服とは最上級のものでありましょうともそれを操縦する飛行士が病んでは申すまでもなく目的の地へは飛べますまい。ロシアは大工業のアメリカ的なるものを起すために全人口の８割５分を占むる農民を犠牲に供するならば、それは過去ロマノフ専制がなしたところと大差なき結果に終るべきことは火を見るよりも明らかです。ただ異なるところはロマノフ専制が農民の膏血を以て軍国的シベリヤ鉄道を造り出したのに対して共産党ロシアは世界的大工場を打ちたてんとしておるのに過ぎないのです。ロシアに取ってその８割５分の人口を占めつつ依然として国本を養いつつある農民を、従って全ロシア国民を厚生生活にまで解放し得る如きスラヴ民族的国民社会の強固なる協同体国民自治社会が必要なのか、それとも国本たる農民を犠牲にして世界的大工場を打ち立てることが大切か、一考だに要せざるところと私には思われます。すでに後者の如きは世界の大勢が許さんのです。にもかかわらず日本がロシアの後を追ってその国本を捨て、世界の大勢を忘れていわゆる産業5ヶ年計画なぞという看板にとらわれるならばそれこそ大変で自殺以外の何物でもないという悲しむべき結果に投げこまれるにちがいないのであります。

かく申せばとて私は決して機械的大工業または大産業を無視せよというのではないのであります。要はただ機械的大産業をして厚生経済原則の上に国民協同自治社会的新日本建設の大目的のために統制し管理せよというと同時に、機械的大産業を機械的に延長拡大し、みだりにその生産能力を世界的ならしむることによってそれから直ちに我々の期待するが如き新社会を製造し、新文化を興し、しこうして世界史的大回転を夢むるが如き危険極まる錯誤の最も甚しきものに投げこまれるようなことをしてはならないと主張するまでであります。

申すまでもなく新日本におきましては、世界の大勢から、自国の状況から推して、国防も政治も、教育も、何もかもが我々の理想とする国民的協同体自治社会組織にふさわしかるべき如くに整正、調和、統一さるべきものであります。従って経済組織なるものもこの目的のために計画的に組織立てられなくてはなりません。そしてここに国民力をして新社会創造と世界革命にまで解放し得るの要訣ありと思わねばならないのであります。

第３章　共済組織

新日本において最も意を注ぐべきものの一にして、未だ世人の全く注意外に置かれておるものはけだし共済組織であります。共済という言葉そのものがすでにただいまの個人主義的自由主義の現社会、営利主義的価格生活の現状では呑み込めないことにちがいありません。しかし国民的協同体社会において、共栄的厚生生活において何よりも先にあらねばならないのは共済組織であろうと信じます。しかもこの組織は政治的に左右され、経済的に動かさるることを最も避けねばならず、従って最も恒久性を有するそれ自身の組織と機関を具備すべきものと解せられます。しからばどうしたらよいかということが問題となるわけです。

この新しき大問題をこの席上で私議すべきことの不当は前の諸大問題以上に許されないことでありましょう。しかしみなさまのどなたもただいまの医療がいかに非同胞的であり、非厚生的であり、非人道的であるかをご存知でしょう。かような状態は新社会におきましては絶対に許さるべきものではありません。さらに人間生活に最も大きな関係を有する諸保険事業がいかに営利本位的に独占化され、その結果いかに非国民的に非共済的に行われておるか、そしてそのためにどんなに国民は損失を招きつつあるかも周知の事柄でありましょう。公の名において行われておるかの簡易保険すら全く以てお話にならないのではほかは言う必要がないのであります。次に冠婚葬祭の儀礼の如きも実に見るに忍びないありさまを呈しておるのであります。このままではとても国民生活の厚生生活的改善は期待し得るものではありません。ですからしてこの厚生生活の基礎工事の一たる共済事業は国民社会一大独立組織を与えて充分その目的を達成するが如く組織立てねばならん性質のものであります。その具体的方法は未発達ではありましても相当採るに価するものも発達しておるのでありますからして、これを新社会組織内に充分合理化することはたやすくできるものと存じます。

第4章　教育組織

　これは最も重大な問題たることどなたも一致するところでしょう。まず人を得なければ何もできません。人を得ることそれ自身が教育です。新社会における教育組織ぐらい根本的改革を必要とするものもほかにないことと存じます。ただいまの営利主義的免状学校の如きはもちろん根っから無くならねばなりません。何よりも先に愛国同胞主義精神を涵養するに適するものでなくてはなりません。何よりも先に自治協同にならわしめねばなりません。相互信頼以て新日本を建設すると同時に協同自治し得るの素質を得ることにおいて人生の真価を発見し得せしむが如き教育でなければなりません。それ自身人々をして霊性を呼び覚し、人格を陶冶せしむるということになるのであります。ここへ来ると私は西洋思想に比して東洋思想の実に優れたところのあるのを思わざるを得ません。と言わんよりもむしろ東洋思想の淵源をなす東洋的大人格とそれを中心とせる生きた教育こそ我等の最も学ばねばならず、依らねばならないところのものと存じます。そしてその新社会的復活を可能ならしむる教育機関はけだし自営的勤労塾であらねばならんと私は解しております。解すばかりでなしに私自身若干の実際を体験しつつ、それがいかに新社会の教育として適切なものであるかの実験を有するものであります。そして私は新社会における教育組織はこれを土台として打ち立てらるべきものと信じておる次第です。今私はこの席上で具体案的説明をさけねばならんと存じます。ただ参考までに申し上げさせていただくならば我々の明日の教育及びその組織は東洋思想に深き根をもつペスタロッチ式自営的協同勤労塾なりと申したく存じます。

　以上申し上げたのは新社会建設に対する原動力たる国民教育を眼目として語ったものです。これに対して専門技術教育学術教育を無視し、怠れなぞと申すことは絶対になく、その正反対たることは言をまたざるところであります。しかしこの方面については大した問題はなくすでに解決されたるの問題で要はその実際をいかに振い起すかに存するものでしょう。

第5章　国防組織

この方面について専門的な技術上のことについてはもちろんみなさまにかえって私からおたずねすべきものであったのです。がしかし強兵の実は必ずしも専門的技術にのみ依存するものではありますまい。なかんずく日本軍隊壮丁の7割以上が農村の子弟たるの事実を考えかつ過去の歴史が教えるところにしたがって強兵の実は常に農村の実状如何に左右されたるの事実を考える時、大いに考えねばならんと存じます。例えば日本において鎌倉時代は最も富国強兵の実の挙った時代で以て蒙古10万の大軍を撃退することができたことはみなさまのご承知の通りです。西洋におきましてもスパルタ武士は農民なるがゆえに強く、ローマの古武士またしかりです。クロムウェルのアイアンサイドまたしかりでありナポレオンの軍隊とてもその性質を異ならしめてはいないでしょう。しばらくこの事実は忘れられておりましたが、この過去の事実は今やようやく現実のそれとして復活し来っておるのであります。現にシナの状況を見ますると何よりもよくこの事情がわかると存じます。即ちただいまのシナの共産軍なるものが何故に、さしもの蒋介石軍をたたき伏せたかというと、農民軍たるがゆえであることは私よりはみなさまの方がよくご存知のことでしょう。そこで専門の技術方面のことは別問題として将来においてよく国民的自強自衛の国民的大軍隊を組織して世界平和の大黒柱たらんがためにはこの兵農主義による大軍隊の組織という点については大いに考えねばならんと存ずる次第です。

申すまでもなく、私議すべからざることを私議したのでありますから、そのおつもりでおきき取りくださったことと存じますが、以上でこの席で申し上げ得る大体を、尽し得ざるうらみのたえがたきものの残されてることは事実ですが、申し上げましたつもりです。

永い間熱心におききとりくださったことを深謝いたします。

《解説》

第３篇第２章～第４篇までは実際の政治経済的政策面の議論になりますのでここでまとめて解説いたします。第３篇第２章「国民解放策大要」ではおおむね以下のことが主張されています。

①国内に潜む獅子身中の虫を駆除せよ、敵は外ではない
②救国済民の志が重要
③人心の安定、衣食住の安定、解雇の否定、土地の国家管理を行い大地主をなくす
　信用組合により土地を国民に戻す
④資本主義的世界支配（＝グローバリズム）の一掃

第４篇の新日本建設大綱では、

◎政治組織
　上からの支配から共同自治への転換し、王道への回帰、中央集権政治を改めて地方分権へ転換すべき
◎経済組織
　価格は個人主義的営利主義精神で動き、世の中のために活動しようと思っても活動できないので、土地、金融、経済を国民的管理にすべき
◎共済組織
　国民社会一大独立組織により、医療や保険を同胞的にすべき
◎教育組織
　東洋思想に基づくペスタロッチ式自営的協同勤労塾を作るべき
◎国防組織

農民軍こそ強力であり、兵農主義による大軍隊を組織すべき

解説が必要なのは教育組織の項で論じられたペスタロッチ式教育とは何かということではないかと思います。ペスタロッチ式とは、ヨハン・ハインリヒ・ペスタロッチ（１７４６〜１８２７）の教育論ではないかと思われます。ペスタロッチはフランス革命後の混乱の中で、スイスの片田舎で孤児や貧民の子などの教育に従事した人物です。ペスタロッチは学生時代愛国的、革新的な運動に熱中し、大学卒業後貧農を救うために農業に携わりました。人はみな平等で、生活そのものが人間を発達させるという信念を持ち、知識より人格形成を重視し、家庭での信頼関係から神への信仰にいたる生活圏の広がりに即して満足させるべきと考えました。日本では大正教養主義とともにペスタロッチの考えが入り込みました。玉川大学を作った小原國芳はペスタロッチの考えに共鳴した人物でペスタロッチ思想に基づいた大学を作ろうとしますが、軍部に背いたことで事業はなかなか進まず、結果的に１９４２年に興亜工業大學（現千葉工業大学）が設立されることになります。興亜工業大學の設立は国策的要素が強く、小原としてはやや満足できないところがあったものの、建学当初は生徒と教師が和気あいあいとした大学になったようです。

ペスタロッチ

孝三郎の政策論は当時の時代背景もあり、すべてを国家管

理することに対する期待がうかがえます。ソ連崩壊を見た現在では、そこまで国家管理が信用できるのかという議論もあり得るでしょう。孝三郎自身ソ連に否定的評価を下しています。とはいえ、孝三郎がこの政策論を出すにあたって根本的に必要だと考えた、資本主義、利己主義の弊害を克服し、国民同胞が真に連帯していくことが必要だという思いは現代日本にとっても重要です。

そして、農の精神も忘れてはなりません。孝三郎にとって「農の精神」とは単に農産物を生産する行為ではなく、文化的信仰的側面の実践といった意味合いがあるのです。農業が機械化するまで、田植えや稲刈りはムラの共同作業で行われるものでした。つまり公的な意味合いがあったのです。ひいてはそれは神事であり、皇室につながるものでした。

兵農一致の精神も重要です。農は兵站でもあり、食料を自給することは立派な国防です。郊外に住む農民が国境防衛隊的性格を帯びることは当然の発想といえます。

新自由主義によって、格差が開き、すべてがカネに置き換えられ、グローバリズムによってヒト・モノ・カネが流動化し、不安定化した世の中を私たちは知っています。ウクライナ戦争によってグローバル資本主義が有事に弱いことも白日の下にさらされました。防衛費増額などと言っても、アメリカの武器を買うばかりでは自主独立の国防からは程遠いと言わざるを得ません。

そのような時代を生きる私たちにとって、新自由主義、グローバリズムの悪弊を克服するには、国民が真に連帯していくことが必要です。そのために、孝三郎が問うた「土とまごころ」の精神を顧みる必要があるのです。

二　水戸学と橘孝三郎

永遠なる義公

● 凡例

本稿は『いはらき』新聞に昭和3年3月13日〜17日に全4回で掲載された「永遠なる義公」を翻刻したものである。活字化されていない文書のため、原本に併せ歴史的仮名遣いのままとした。なお、「おる」「をる」等表記が統一されていないが、原文ママ。

漢字は新自体に改め、明らかな誤りと思われる部分は修正した。また、一部句読点を増補した。

【 】内は編者の補足。

永遠なる義公（一）

橘　孝　三　郎

過般、本紙にのせられた「維新回天史の偉業における水戸の功績」中の一節、義公を評して次ぎのやうなことを、徳富蘇峰氏が曰つてをる。

「義公の人物を見るに、若しこれを亂世に生れしめば、す晴らしいことをしたであらう、義公は太平の世に生れてその力のやり場がなく、修史事業に向けたのであると見られる」と。

そして、私はこの蘇峰氏の意見に同感しておる者が、蘇峰氏のこの論評を聞いたと聞かぬとに拘らず、かなり多いだらうと想像しておる——いや、私自身も中學時代においてかうした義公論を振廻したことを、おぼろ氣に今思ひ起し得る。

富貴、權門に生れた人達が、その力と金と時のやり場に困つて、ゴルフ遊びや、狩獵なぞに大がかりな浪費をすることの習慣に對して、甚しい義憤をもらす人々が多いことを誰もよく知つておるであらう、たゞ/\いゝ所で大きな奏樂致をたてすてきもないパイプオルガンをすゑつけて高尚に一世を擬かすやうなことをしてさへ、それを心よく思ひ得ない青年がうんとあることもよく知つておるはつである。

所で、これと、それとを、その對象的比較の領域において云々すべからざることは當然過ぎるほどわかりきつたことだが、『力のやり場がなく修史事業にむけたのだと、かう單に言ひ放つただけでは、その動機において甚だあやしきふしがうかゞはれないわけには行かぬのである。勿論、蘇峰氏ともいはれる大家が、義公の眞精神をつかみ得ないとは思はれない。けれど氣の早い青年や、義公について詳なことを知らない人が義公の修史事業に手を染になつた眞精神について誤つた考へをもちはしいまかと氣遣はれる理由はこの點充分存しておるやうに思はれる。そして私は何故に義公はかくも偉大であるかを誤られ續るべく、あまりに耐へられないのである。それは過去の義公のためではない、生きた義公のためは、そ一現代の我々自身のために——

私は偉大なる義公の人格を仰ぎ見る時亂世ならばす晴らしい仕事をなし遂げただらうが、太平に生れたが故にその力のやり場に困つてすべてを賭して、修史の事業に手を染なすつたと同時にそが完成を水戸藩の生命にさせるやうなことを敢てなさるやうな人物では斷じてあり得ないと思はざるを得ない。

そが、修史であるが故に、劍を取つて戰場に號令するのそれに比して取るに足らん閑事業であると誰がいへよう、かのフランス大革命に對してジアンジアツクルツソーの與へた影響が如何なるものであつたか、餘りに顯著な事實ではないか。又はその著者の存命中全くかへりみられず、死後やうやくその親友の手によつて現れた、DAS KAPITALなる一著書が、今世界の社會大衆に與へたかつ與へつゝある指導力を如何にして計量すべきであるか、しかも、常に一面より見れば修史の事に觸れない場合はなかつたのである。

帝國的條流のまだ[illegible]りきれない人々は、とかく劍の光りに眩惑してしまつて、また他あるをかへりみ得なくなつてしまうやうに思はれる。

試みに現代の支配者たる大英帝國について考へさせよ。人々よくウエリントン、ネルソン、ピット、グラツストーン、ヂスレリーの名をあまりによく知つてゐても、アダムスミス、ワツト、アークライトのそれはさつぱり知らないのである、しかも、後者なくして前者の存し得ようわけはなかつたのである。

私は大日本史を思ふ時必ず義公の偉大さをしのぶ、義公の偉大さをしのぶ時、必ず大日本史の事を思ふ、そして、義公こそ亂に處しては亂なりに、治にをいては治なりに、必ずや歴史的大事業を成就すべき大人物であることを思はずにはおられないのである。

げにや、義公こそは、これなくして一日も人類間社會の存在がゆるされ得なかつた所の社會精神のかたまりである。平和、自由、博愛一言社會正義、我が義公こそは、この社會正義の權化であつたである。そこに私は生きた、そして、永遠に生きる義公を見出すのである。

（一）

過搬、本紙にのせられた「維新回天史の偉業における水戸の功績」中の一節、義公【徳川光圀】を評して次ぎのやうなことを、徳富蘇峰氏が曰つておる。

「義公の人物を見るに、若しこれを乱世に生まれしめば、す晴らしいことをしたであらう、義公は太平の世に生れてその力のやり場がなく、修史事業に向けたのであると見られる」と。

そして、私はこの蘇峰氏の意見に同感しておる者が、蘇峰氏のこの論評を聞いたと聞かぬとに拘《かかわ》らず、かなり多いだらうと想像しておる――いや、私自身も中学時代においてかうした義公論を振廻したことを、おぼろ気に今思ひ起し得る。

富貴、権門に生れた人達が、その力と金と時のやり場に困つて、ゴルフ遊びや、狩猟なぞに大がかりな浪費をすることの習慣に対して、甚しい義憤をもらす人々が多いことを誰もよく知つておるであらう、たま〳〵いゝ所で大きな奏楽堂をたてすてきもないパイプオルガンをすゑつけて高尚に一世を驚すやうなことをしてさへ、それを心よく思ひ得ない青年がうんとあることもよく知つておるはづである。

所で、これと、それとを、その対照的比較の領域において云々すべからざることは当然すぎるほどわかりきつたことだが、「力のやり場がなく修史事業に向けたのだ」と、かう単に言ひ放つただけではその動機において甚だあやしきふしがうかゞはれないわけには行かぬのである。

勿論、蘇峰氏ともいはれる大家が、義公の真精神をつかみ得ないとは思はれない。けれど気の早い青年や、義公について詳なことを知らない人が義公の修史事業に手を染になつた真精神について誤つた考へをもちはしいまいかと気遣はれる理由はこの際充分存しておるやうに思はれる、そして私は何故に義公はかくも偉大であるかを誤られ終わるべく、あまりに耐えられないのである。それは過去の義公のためではない、生きた義公のために、そー現代の我々自身のために。

私は偉大なる義公の人格を仰ぎ見る時乱世ならばす晴らしい仕事をなし遂げただらうが、太平に生れたが故にその力のやり場に困つてすべてを賭して、修史の事業に手を染なすつたと同時にそが完成を水戸藩の生命にさせるやうなことを敢てなさるやうな人物では断じてあり得ないと思はざるを得ない。

そが、修史であるが故に、剣を取つて戦場に号令するのそれに比して取るに足らん閑業であると誰がいへよう、かのフランス大革命に対してジアンジアツクルツソー【ジャン・ジャック・ルソー】の与へた影響が如何なるものであつたか、余りに顕著な事例ではないか。またはその著者の存命中全くかへりみられず、死後やうやくその親友の手によつて現れた、DASKAPITAL【カール・マルクス『資本論』】なる一著書が、全世界の社会大衆に与へたかつ与へつつある指導力をいかにして計量すべきであるか、しかも、常に一面より見れば、修史の事に触れない場合はなかつたのである。

軍国的余薫のまださりきれない人々は、とかく剣の光に眩惑してしまつて、また他あるをかへりみ得なくなつてしまうやうに思はれる。

試みに現代の支配者たる大英帝国について考へさせよ。人々よくウエリントン、ネルソン、ビット、グラッストーン、ヂズレリーの名をあまりによく知つてゐても、アダムスミス、ワツト、アークライトのそれはさつぱり知らないのである、しかも、後者なくして前者の存し得ようわけはなかつたのである。

私は、大日本史を思ふ時必ず義公の偉大さをしのぶ、義公の偉大さをしのぶ時、必ず大日本史の事を思ふ、そして、義公こそ乱に処しては乱なりに、治にをいては治なりに、必ずや歴史的大事業を成就すべき大人物であることを思はずにはおられないのである。

げにや、義公こそは、これなくして一日も人類間社会の存在がゆるされ得なかつた所の社会精神のかたまりである。平等、自由、博愛一言社会正義、我が義公こそは、この社会正義の権化であつた【の】である、そこに私は生きた、そして永遠に生きる義公を見出すのである。

永遠なる義公（二）

橘　孝　三　郎

義公について考へる時、私はいつも近代ロシアの生んだ世界的な精神的大偉人の二人の名を思ひに浮べずにはおられない。然らばその二人の偉人とは誰と誰であるか。――一はトルストイ伯であり、他はクロポトキン公である。

仰いでは天を、俯しては地を、即ち天地自然の道の存する處に従つて、かへりみては隣人同胞の友愛の存する處で固く結ばれ合つて決して天地の大理法に背くことなく、而も[illegible]は[illegible]ことなく、その與へられた天命を楽みつゝある如き純良なる農民において、真に神の栄光に輝ける人間的存在を見出してゐた偉トルストイは、よし現代物質文明の全機構より自他一切を救済すべくたゞ〳〵神の御仰に、すがりつゝ、かの悲しむべき最後をとげた點においてあの西山の隠[illegible]して田子作共を傍近くへまねいて（いや、田子作なればこそかくも親み得たのだ、それは決して[illegible]の[illegible]した[illegible]ではない）田園[illegible]ならでは味はひ得せない、あの親しむべくもまた懐しむべき自在かぎの[illegible]を[illegible]み、西山の端に時の過ぎるさへ忘れやうとしてゐた悠々自適の義公（しかもまた寸時も天下の経綸から心を離し得なかつた）のそれに比して、そこに精神の大なるものがあつたにせよ、この二人の精神的巨人の内面的生活の根柢において、我々は決して距離の大なるものを見出すわけにはゆかないのである。

あゝ、あの無抵抗の教へ（私は涙が出る）「悪に抗するなかれ」といふに等しい「人々相おかすことなかれ」といふ言葉はとりもなほさず「人間は人間を搾取すべからず」といふに等しい、即ち「人間は人間的経済生活不変の真理に人間を使役してはならぬ」といふに等しいのである（私はカントの道徳上の教を思ひ出す）こゝに平等、自由、博愛なしにまたどこにある。こゝに社会正義なしにまたどこに社会生活を見出し得るか。そして、かの大義名分もまたこゝに存してゐたのである。

[illegible]あることのみを知つてゐて、他の一切をかへりみなかつた、即ち社会正義あることのみを知つてゐて、他あるを思はなかつた、人道上の巨人トルストイが「悪に抗するなかれ」と叫んだ時、その悪に抗せよといふことを意味してゐるものだらうか。否、否、否。彼は全く正反対である「悪に抗するなかれ」と叫ぶ時、彼は完全に征服されてゐるのである。私はこゝであのマハトマ、ガンヂイのことを思ひ出さずにはおられない。マハトマ、ガンヂイのことを思ひ出して胸の真情のわき立つのを感ぜずにはおられない）。しかもこのトルストイの叫びと、義公の大義名分と、そが人類を永遠に支配しつゝある、社会正義の大[illegible]に立脚せずにどうして叫ばれ得たであらうか。

種々な方面においてこの二人の偉人には共通な點がある。私はこの二人の偉人について更に精細な比較を試みたく思はぬではない、がこの點これ以上いふことをやめて、次ぎにクロポトキン公を引合に出さう。

けれ共、クロポトキン公といふ名は餘りに知られなさ過ぎておる。そして、義公の引合に出すにしてはあまりにふさはしくないと思はずにはゐられない。

が、しかし、彼のみが有し得た世俗的出世のチァンスを[illegible]に蹴つて、[illegible]を人類の[illegible]であると説いておる近代物質文明の主張に巨人的[illegible]をなしつゝ、[illegible]によつて成立したる歴史的国家を否定し、[illegible]に身命を捧げつゝ、[illegible]と、[illegible]とを選んだ、彼は正確人道の士でなくて何であつたらうか。しかも、彼はロシア最高の貴族の門に生れたのであつた。

しかし、義公の立場に立ちながら、義公のなしたる所の事業はクロポトキン公のそれに比して見様によつては数倍勝るべき貴族的な事業であつたのである。

実に三家副将軍たる立場に立てる人物の口から時の支配者にして且本家たる徳川将軍の存在に対して、あれほどの決定的な九寸五分がつきつけらるゝとは。

しかもこの九寸五分が徳川将軍に取つて一つの最も[illegible]であつたとは。何となればもし徳川将軍の一人にして自己の立場を自覚することを忘れ、将軍におされたる大義名分、即ち社会正義上の立場を忘れた行動を敢てしたとするならば、徳川はよく十五代の生命を保ち得たであらうか。併せて明治維新王政復古の未曾有の大事に際して、かの慶喜公の取つた態度をよく取ることが出来たであらうか。

思ふてこゝに到る時、極みなき偉大なる義公の大人格を仰がまいとしても得ないのである。

どうしてあの大日本史編纂の大事業が一片の武力的[illegible]か、力のやり場に困つて企てたる私的一小事業であり得ようか。

義公にそは一身は勿論、三十四万石全部を賭さずに着手し得べき性質のものではないのである。然る後に水藩が日本の全歴史に対して比肩すべき他藩あることを知らない程の大功績をのこしておるのも決して理由のないことではないのである。

かくて私は再びここに永遠なる義公を仰ふ。

（二）

義公について考へる時、私はいつも近代ロシアの生んだ世界的な精神的大偉人の二人の名を思ひに浮べずにはおられない。

然らばその二人の偉人とは誰と誰であるか、――一はトルストイ伯であり、他はクロポトキン公である。

仰いでは天を、俯しては地を、即ち天地自然の悪の存する処に従つて、かへりみては隣人同志の友愛の存する処で固く結ばれ合つて決して天地の大理法に背くことなく、同類相はみ相犯すことなく、その与へられた天命を楽みつゝあるが如き農民において、真に神の霊光に輝ける人間的存在を見出してゐた彼トルストイは、よし現代物質文明の弊害汚毒より自他一切を救済すべくたゞ〳〵神の信仰にすがりつゝ、かの悲しむべき最後を遂げた点においてあの西山の庵敷居を撤して田子作共を側近くへまねいて（いや、田子作なればこそかくも親み得たのだ、そは決して権中納言の演じた酔興ではない）田園生活ならでは味はひ尽せない、あの親しむべくもまた懐しむべき自在かぎの爐辺を取囲み、四方山の話に時の過ぎるさへ忘れやうとしてゐた悠々自適の義公（しかもまた寸時も天下の形勢から心を放し得なかつた）のそれに比して、そこに相異の大なるものがあつたにせよ、この二人の精神的巨人の内面的生活の真髄において、我々は決して距離の大なるものを見出すわけにはゆかないのである。

あゝ、あの無抵抗の教へ（私は涙が出る）「悪に抗するなかれ」といふに等しい「人々相おかすことなかれ」といふ言葉はとりもなほさず「人間は人間を搾取すべからず」といふに等しい、即ち「人間は人間的物質欲望充足の道具に人間を使役してはならぬ」といふに等しいのである（私はカントの道徳上の教義を思ひ出す）こゝに平等、自由、博愛なしにまたどこにある。こゝに社会正義なしにまたどこに社会正義を見出し得るか、そして、かの大義名分もまたこゝに存してゐたのである。

神あることのみを知つてゐて、他の一切をかへりみなかつた、即ち社会正義あることのみを知つてゐて、他あるを思はなかつた、人道上の巨人トルストイが「悪に抗するなかれ」と叫んだ時、その悪の前に屈服せよといふことを意味してゐるものだらうか。否、否、否。事は全く正反対である。「悪に抗するなかれ」と叫ぶ時、悪は完全に征服されてゐるのである（私はこゝであのマハトマ・ガンデイのことを思ひ出さずにはおられない。マハトマ・ガンデイのことを思ひ出して胸の血潮のわき立つのを感ぜずにはおられない）。しかもこのトルストイの叫びと、義公の大義名分と、そが人類を永遠に支配しつゝある、社会正義の大精神に立脚せずにどうして叫ばれ得たであらうか。

様々な方面においてこの二人の偉人には共通な点がある、私はこの二人の偉人について更に精細な深刻な解剖を試みたく思はぬではない、がこの際これ以上いふことをやめて、次ぎにクロポトキン公を引相に出さう。けれ共、クロポトキン公といふ名は余りに知られなさ過ぎておる。そして、義公の引相に出すにしてはあまりふさはしくないと思はずにはゐられない。

が、しかし、彼のみが有し得た世俗的出世のチアンス【チャンス】を棒に振つて、弱肉強食を人類生活の実相であると説いておる近代物質文明の主潮に巨人的抗争をなしつゝ征服略奪によつて成立したる歴史的国家を否定し、民衆の解放運動に身命を捧げつゝ、牢獄生活と、逐放と、迫害とを選んだ、彼は正義人道の士でなくて何であつたらうか。しかも彼はロシア最高の貴族の門に生れたのであつた。

しかし、義公の立場に立ちながら、義公のなしたる所の事業はクロポトキン公のそれに比して見様によつては数倍恐るべき且困難な事業であつたのである。

実に三家副将軍たる立場に立てる人物の口から時の支配者にして且本家たる徳川将軍の存在に対して、あれほどの決定的な九寸五分【刀のこと】がつきつけらるゝとは。

しかもこの九寸五分が徳川幕府に取つて一つの最も貴き活人剣であつたとは。何となればもし徳川将軍の一人にして自己の立場を自覚することを忘れ、将軍に許されたる大義名分、即ち社会主義上の立場を忘れた行動を敢てしたとするならば、徳川はよく十五代の生命を保ち得たであらうか。併せて明治維新王政復古の未曽有の大時局に処して、かの慶喜公の取つた態度をよく取ることが出来たであらうか。

思ふてこゝに到る時、極みなき偉大なる義公の大人格を仰がまいとしても得ないのである。

どうしてあの大日本史編纂の大業が一片の武力的英雄が、力のやり場に困つて企てたる私的一小事業であり得ようか。

実にそは一身は愚《おろか》、三十四万石全部を賭さずに着手し得べき性質のものではないのである。然る後に水藩が日本の全歴史に対して比肩すべき他藩あることを知らないほどの大功績をのこしておるのも決して理由のないことではないのである。

かくて私は再びここに永遠なる義公を懐ふ。

永遠なる義公（三）

橘孝三郎

時の古今を論せず、洋の東西を問はず、王道國家は根本的に認容されざる國家成立の原則である。今この二者の相異性について少しく説明するの必要を感ずるが故に、暫らく議論を岐途《きと》にさまよはせる。王道とは統制、統治である。覇《は》道とは征服、略取である。即ち、王者は衆の上に立ち、覇者は力に依る。王者は治め、覇者は支配する。

故に王道國家においては階級の存することを許されない。そは獨立自由的な自由公民の自治的團結の姿を示現する。ただ所謂無爲にして化す底の大人格によつて統率されてをるといふまでゞある。かの堯、舜、禹の如き大聖は如上の如き意味における王者であつて秩序にひきひられた民族が形成せる國家は即ち王道國家である。

この王道國家の存在を目して、人或は空想上の産物であるかのやうに考へ違ひてをらんとも限らないのであるが、この嚴たる歴史的一大事實であつて、今や科學的に充分明確な根據を與へられてをる鐵證のものである。

（私はこの王道國家について詳細な説明を試みることの必要を感ずるものであるが、そはあまりに專門的に亘らねばならんことではあるし、この場合につくし得ることでもないからこれで止めて置く

この王道國家に對してかの覇道國家は征服階級と、被征服階級即ち、搾取階級と被搾取階級のそれに分《わか》たれてをつて、王道國家がそれに照らせる社會成員の個々が社會全體の、それと全く合致せる和合關係によつて整正、調和、統一されたる組織を成形せるに反して覇道國家なるものは常に深刻なる階級爭鬪のそれによつて特色づけられておつて、ために安定と健全なる發達が脅かされておる狀態の下におかれてあるのである。

實に人類社會の發達史を考察するに、歴史はこの二者の交互消長の跡とも觀られるのである

王道起る時、覇道存すること能はず、覇道の支配する時、王道亡ぶ。

しかも我國が正統的歴史は、世界を通じてかの覇道によつて色濃くそめ出されてゐるのである。

これを我《わ》が日本の歴史《れきし》に徴するに、政治の實權がかの武門の手に歸するや、王道漸く傾いて、覇道愈々盛んに、ついに、徳川封建に至つてその極致を示すに至つた、王道は將にこれ風前の燈火に類して來《き》たのである。

同時に、これなくして社會的結合が亡びゆくべき、社會正義の大精神さへ地を掃つて亡びゆかねばならん社會的大使命に宿命しなくてはならん運命の下におかれたのである。

（こゝで私は印度を思ひ出す。エジプトを思ひ出す。トルコを思ひだす。又は王道の本家支那を思ひ出す）。

しかも、天はどうしてこれを默し得るか。かくの如き時、天は必ず、社會正義を同時に王道を擁護すべく、一大偉人を人類社會に天降らせずにはおかないのである。（孔子を見よクリストを見《み》よ）。

實に、我が義公の大義名分を唱ふや、これまさに天の聲に外ならなかつたのである。

これなるが故に、一身《しん》はいはずもがな、三十五萬石、いや一切を賭してなほ顧る所を知らなかつたのである。

これなるが故に、事は一小修史の事業たりといへども、實は回天の大偉業であつたのである。

かくて私はこゝに三度永遠なる義公を仰ぐ。

(三)

時の古今を論せず、洋の東西を問はず、王道覇道は根本的に相容れざる国家成立の原則である。今この二者の相異性について少しく説明するの必要を感ずるが故に暫らく議論を岐途にさまよわせる。

王道とは指導、統治である。覇道とは征服、略取である。

即ち、王者は徳の上に立ち、覇者は力に依る。王者は治め、覇者は支配する。

故に王道国家においては階級の存することを許されない。そは独立自主的な自由公民の自治的団結の姿を示現する。ただいわゆる無為にして化す底の大人格によつて統治されてをるといふまでゞある。かの尭、舜、禹の如き大聖は如上の如き意味における王者であつて彼等にひきひられた民族が形成せる国家は即ち王道国家である。この王道国家の存在を目して、人或は空想上の産物であるかのやうに考へ違ひてをらんとも限らないのであるが、この事たる歴史的一大事実であつて、今や科学的に充分明確な根拠を与へられてをる処のものである。

(私はこの王道国家について詳細な説明を試みることの必要を感ずるものであるが、そはあまりに専門的に亘らねばならんことではあるし、この場合につくし得ることでもないからこれで止めて置く)

この王道国家に対してかの覇道国家は征服階級と、被征服階級即ち、搾取階級と被搾取階級のそれに分かたれてをつて、王道国家がそれに届せる社会成員の個々が社会全体の、それと全く合致せる利害関係によつて整正、調和、統一されたる組織を成形せるに反して覇道国家なるものは常に深刻なる階級争闘のそれによつて特色づけられておつて、ために安定と健全なる発達が脅かされておる状態の下におかれてあるのである。

実に人類社会の発達史を考察するに、歴史はこの二者の交互消長の跡とも観られるのである。

王道起るとき、覇道存すること能はず、覇道の支配する処、王道亡ぶ。

しかも我等が正統的歴史は、世界を通じてかの覇道によつて色濃くそめ出されてゐるのである。

これを我が日本の歴史に徴するに、政治の実権がかの武門の手に帰するや、王道漸く傾いて、覇道益《ますます》盛んに、遂に、徳川封建に至つてその頂点を示すに至つた、王道は将《まさ》にこれ風前の燈火に類して来たのである。

同時に、これなくして当然社会が亡びゆくべき、社会正義の大精神さへ地を掃らつて亡びゆかねばならん社会的最大危機に当面しなくてはならん運命の下におかれたのである。

(こゝで私は朝鮮を思ひ出す。エジプトを思ひ出す。トルコを思ひだす。又は王道の本家支那を思ひ出す)。

しかも天はどうしてこれを黙し得るか。かくの如き時、天は必ず、社会正義と同時に王道を擁護すべく、一大偉人を人類社会に天降らせずにはおかないのである。

(孔子を見よクリストを見よ)。

実に、我が義公の大義名分を叫ぶや、これまさに天の声に外ならなかつたのである。

これなるが故に、一身はいはずもがな、三十五万石、いや一切を賭してなほ顧る所を知らなかつたのである。

これなるが故に、事は一小修史の事業たりといへども、実は回天の大事業であつたのである。

かくて私はこゝに三度永遠なる義公を仰ぐ。

永遠なる義公
（四）

（四）

義公歿して三百年。時は遷り、世は変つて、今や我等が前に普選【以下数字判読不明、「による投票」か】さへ行はれるに至つた。アングロサクソンのおゆづりだなぞと口さがないことを言つてはいかん、よしそれがおゆづりでもお古でもいゝではないか。それを用ひて、前の持主より数等立派におしだせる風采の持主であるならば。

我等はかつて、支那文化を取入れた。そして、本家の支那より遥に立派なものになつていつた。印度文化をも取入れた。そしてまた遥にご本尊より立派なものになつていつた。今また泰西文化を取入れて、やうやく泰西をしのがんと欲しておるのではないか。しかも事の然る所以のものは何がためであつたのか。

君なくして民なく、民なくして君なし。君民一体。この君たるや民のたゞ〳〵その前に畏服戦慄また他あるを知らざるが如き、且、遂には革命の血を以て報復さるべき所のかの搾取者、征服者、支配者では断じて、断じてあり得ない。またこの民も、かのしいたげられたる、放縦にしてらい惰、全く頼むに足らず、御すべからざるのモッブ【モブ、大衆】では断じて、断じてありえない。君はまさにこれ支那思想における王者、又はかのエスラエルにおけるメシヤのそれ、民はこれ自由公民、かくて社会正義の大精神によつて団結されたる民族的一大結合——あゝ、実に万世一系の皇室を中心として、世界に比なき六十万同胞の強固極みなき団結の上に建国せる我が日本を思へ。

あらゆる世界の文化を同化しつつ永久に光栄ある進歩の道程を辿り得る唯一無二の根源とは、これをこの世界に比なき社会正義の大精神の上に立脚せる国体に求めずしてまた何処に求め得るや。

しかも、この日本建国の根本義を三百年以前の過去において喝破高唱し昨日は勿論、今日、いや更に明日の日本が飽くまで拠らねばならん天道を明確に指示して以て我が日本の進運を誤つこと莫《なか》らしめた、建国以来の大偉人とはそも誰であつたか。

偉なる哉義公！　大なる哉義公！

この偉大極まりなき日本建国以来の大偉人を生みし水戸よ汝の名は蓋し、歴史の上に決して小なるものではあり得ないのである。

今我等また義公三百年の後この水戸の地にかくも生を存す、いかにして、永遠に生きねばならん義公が我等を通じて生くべきか、また同時に我等義公において生くべきかを考へずにおられやうか。これ我等の一大義務にして責任でなくて何であつたらうか。ましてや義公三百年祭の今年、社会正義の名の下に時代を画すべき普選第一声の挙げられたるにおいてをや。

義公をして今日にあらしめなば如何に我等を導きしか、義公の精神に生きんと欲する時如何なことを我等なすべきか。

明治維新は実に薩長土肥の名を恣にせしめて、今日、十二日の紙上瀧本【誠一。宇和島藩出身の経済史家、労農派に影響を与えた】博士の言の如く水戸は正にそのえんの下の力持であつたのである。

この維新に際して我が水戸に義公あらしめば、あゝ義公あらしめば、光栄ある改新は実に我が水戸によつて当然、当々然なさるべかりしものであつたらうに。

いや、口惜がるな、過去は流れさつた水だ、そして誰がよきことをなさうとそれをとやかくいふのはおこだ。いや時代はそんなのん気なことをさわいでるのをゆるさないではないか、我等の前に迫つてるものは何か。——今や将に時代は根本的社会改造を要することの急なる焦眉のそれであるではないか。

英国産業革命の全世界に波及する処、我等が日本にもやうやく資本主義制度の上に物質文明が爛熟し始めた。そして同時に社会はかの階級的独占関係によつて益《ますます》危殆の状態になげこまれつゝある。もし一日いや一刻も早くこのパラヂチヅムスを一掃せずんば日本の明日は知るべきのみ。

然らば、日本の明日をよく健全状態にまで救済する処の者は誰ぞ。

社会正義！　社会正義！

そしてその社会社【「正」か】義の大幟旗の下に集まり立つて、社会改造の急先鋒たると同時にその中心勢力たらざるべからざる者は誰ぞ。

我等義公に生きよ。義公また我等に生きよ。

我等義公に生き、義公我等に生きる所、許されたる道はたゞ社会正義の民衆化！　たゞ社会正義の民衆化あるのみではないか。

然る時に水戸よ、汝の前におかれたる使命や重きこと他に比ぶべきものとてないではないか。

おゝ水戸よ立て、立つて社会正義の民衆化のためにすべてを賭して戦へ。

それこそ、いやそれのみが、我等をとほして永遠に生きんと欲する義公に、即ちまた満天下に報ゆるの道ではないか。

一九二八年三月十三日

《解説》

　本稿では橘孝三郎が義公（徳川光圀、水戸黄門でおなじみ）を論じています。孝三郎と、トルストイやミレーといった西洋思想との関連はこれまでも触れられていますが、水戸学との関係はほとんど言及されていません。孝三郎の母は水戸市の北方の村で庄屋を務めていた家柄で、祖父は孝三郎が訪ねると論語の素読などをさせていたといいます。水戸藩では武士でなくとも中農以上の家なら『弘道館記述議』『常陸帯』『皇朝史略』など水戸学関係の書物があることは珍しくなく、孝三郎は祖父の家で『三国志演義』や『前太平記』（江戸時代の通俗史書、平安時代中期～末期について記す）を読んでいたといいます。

水戸光圀公之肖像

　さらに、孝三郎は水戸中学時代に、学校図書館に所蔵されている旧藩時代の漢籍を読んでいたようで、漢籍に対する教養も一定の水準があったものと思われます。

　本稿が書かれた昭和３年（１９２８年）は徳川光圀の生誕３００周年にあたります。普通選挙を前に無産政党が結成され政治運動が盛んな時期でしたが、一方で治安維持法も制定されるなど不穏な時期でもありました。実際本稿でも孝三郎は普通選挙に期待を表明し、「君民一体」の国体を示すものだとまで論じています。５・15事件や『日本愛国革新本義』の昭和7年と比べると、選挙による選択に大いに期待していることが感じられます。

「昭和維新」の声が叫ばれた時、国家革新に挺身した人物に水戸をルーツとする人物が多くいました。その理由について、もりたなるおは「水戸学の影響」（『昭和維新―小説五・一五事件』）であると述べています。水戸の激しい気質が変革志向に影響を与えたという理解です。

橘孝三郎の著作で水戸学に言及しているものを紹介します。昭和8年に建設社から刊行された『農村を語る』には、「義公と水戸と現代と」「水戸と資本主義の東洋主義的修正」という2つの論文が所収されています。内容は本稿と似通っており、義公は社会正義の大道を示した人物であり、資本主義は寡頭支配につながるので、東洋的修正が必然であるとしたうえで、明治維新を興す原動力となった水戸から再び社会転換を始めなければならないと述べています。

もうひとつは戦後に書かれた『明治天皇論』です。ここでは、水戸学は尊農精神であるとして、烈公（徳川斉昭）を高く評価しています。藤田東湖の正気歌を引用しながら、水戸学の心髄は「天皇を中心主体とする日本民族の歴史的創造道、ここに水戸学がある」といいます。水戸学は抽象理論的哲学ではなく実践哲学であって、本質的に宗教であるとも述べています。孝三郎は水戸学の淵源を「鹿島信仰にたづぬ可き」であるとしており、鹿島神宮の信仰にも重きを置きました。鹿島信仰に重きを置いた人物こそ、義公だったのです。ここに孝三郎と義公をつなぐものがうかがえます。孝三郎は、信仰を共有する中での皇道民本主義を重要視し、水戸学のすめらみこと信仰を評価しています。

水戸学自体には実務的な側面もあり、戦前活躍した水戸学研究者高須芳次郎が「当時の儒者の経済観なるものは、頭から功利を口にすることを卑しみ、富国強兵を高調するものがあると、それは尭舜の道ではないとして、斥け勝ちであつた。ところが、（藤田）幽谷は時勢の動きを見て、功利方面を適度に活用し、富国強兵の実を挙げなければ、今後の水藩は勿論、日本も、到底、救はれぬとしたのである」（高須芳次郎『水戸学派の尊皇及び経綸』）と論じているように、実務的な側面もありました。高須芳次郎は明治13年生まれで孝三郎より13歳年上です。しかし、『明治天皇論』ではそうした実用的側面に対する言及はほとんどありません。一方で孝三郎は同じ農本主義である権藤成卿などと比較すると、富国強兵への楽観的な発想が感じられますが、それは水戸学由来ではないかとも思われます。

旧水戸藩の郡部には土地持ちの旧武士が多くおり、会沢正志斎『新論』の影響もあり、武士も田畑を耕し、維新後は帰農する人も多い風土でした。水戸学の影響もあり、孝三郎の周囲には右派農本運動関係者が集まることとなったのです。

本稿の内容に戻ります。本稿で孝三郎は、義公の修史事業に対し徳富蘇峰が太平の世で力を使う場所がなかったから取り組んだのだという評価に反発し、義公は「社会正義の権化」であると述べています。義公を思うとき、トルストイとクロポトキンを想像するといい、義公をトルストイやクロポトキンに比していることは斬新です。一方で義公の事業のどのあたりがトルストイやクロポトキンに相当するのか具体的な事象として語られていないことは惜しまれる点といえると思います。現代物質文明の弱肉強食による汚濁から逃れ、信仰を基盤とした田園生活に還ることこそが社会正義であり、それにより君民一体の王道国家を建設することこそ孝三郎の目指したところでしたから、その点でトルストイやクロポトキンと義公の結節点を見だしていたのだろうと思います。

ちなみにトルストイは『戦争と平和』などが代表作のロシアの文学者で、明治時代後半から大正時代には日本でもブームとなり、有島武郎や武者小路実篤ら白樺派はトルストイに影響を受けた一群です。それにより武者小路実篤は「新しき村」の運動をはじめ、有島武郎は農地解放をいうなど農本思想との関係も

クロポトキン

深い人物です。

クロポトキンはロシアの無政府主義者で、著作『パンの略取』が有名です。また、『相互扶助論』や『田園・工場・仕事場』の中にスイスの農村などを引き合いに出して、相互扶助を論じる箇所があります。この『相互扶助論』は日本の無政府主義の草分けである大杉栄によって訳出されました。

日本で古き良き農村に帰るべき理想を見出した背景にはクロポトキンの思想がありますが、クロポトキンの影響を受けていたのは大杉、その妻伊藤野枝、権藤成卿、孝三郎に限った話ではありません。２・26事件の北一輝、大逆事件の幸徳秋水、民俗学者の柳田国男や民族派思想家の影山正治もまたクロポトキンを参照していました。影山の自伝的小説『一つの戦史』には「目下室伏高信の『日本論』を読んで居る。土を考へたクロポトキンを思ひ、彼の『相互扶助論』を見てゐる。／「階級闘争論」に立つマルキシズムによりも、僕は「相互扶助論」に立つアナーキズムにより深いものを覚える。それはクロポトキンがより東洋的、植物的、農民的である為かも解らない。僕はクロポトキンとのつながりに於て老荘をも考へて見たいと思つてゐる。しかし日本でないと云ふ点ではマルクスもクロポトキンも同様だ。僕は両者を越えた所に光を見たい。そこに光源日本を仰ぎたいのだ」（／は改行）という一節があります。この一節からも明らかなように、当時の日本人はクロポトキンのイデオロギーを受け入れたというより、資本主義にも共産主義にも満足し得ない精神を、クロポトキンを触媒に、古き良き農村共同体の復活に深化させていったといえるのではないでしょうか。

義公が水戸学の中で重んじたのは、君臣、父子の概念です。もちろん義公は江戸時代前期の人物なので近代思想との対比を語っていませんが、私なりに儒学と近代思想、共同体論を絡めれば以下のようになるのではないでしょうか。

もともと、中国では食料生産の基となる農耕を尊重する思想が古代から存在していました。そして儒教では、「利（＝自己利益）」に走る商人を卑しい存在であると考える発想がありました。そのことから、国家は商業ではなく農業を基本とするべきと考えるようになったのです。

農業は個人ではできません。機械化した現代でさえ一人で農業をすることは大変ですが、前近代社会においては頭数がいないと不可能です。つまり農業は地域や家族と連帯しなければ不可能であり、農業に重きを置くということは地域や家族に重きを置くということになったのです。そこから作り上げられる国家論は地域主体であり、国家はその地域の自主性を尊重しながら行う緩やかな統治であるべきだということになったのです。

近代社会においては資本主義を導入し、商売を活性化し、市場を求めて海外進出することが正しいこととされました。しかしその結果、貧富の格差は大きくなりました。個人の利己心を肯定すれば、当然利害関係の対立によって争いが発生します。利己を基盤とすることは国内に争いを抱え込むことにもつながるのです。そこで前近代的、時代遅れとされていた農業を中心とした国家論が再び見直される機会にもなったのです。

近代社会は「一人でも生きていける社会」を作るべく邁進した側面があるわけですが、それによって共同体が衰退し、人々が孤立化したことをもってすれば、このような人類の歩みがはたして良いことであったのかと疑問に思わざるを得ません。

思想史的にいえば水戸学は江戸前期の前期水戸学と、幕末付近の後期水戸学に分かれます。特に農本主義的な社会論が強いのは烈公徳川斉昭の下で藤田幽谷、東湖親子や幽谷の弟子会沢正志斎が中心となった後期水戸学です。

幽谷は『勧農或問』で敬神尊皇と愛民を一体のものとしてとらえ、格差拡大をもたらす商売重視路線を憂いました。

「古の英雄豪傑、富国の術様々ありと雖も、皆々其の務とする所、農桑に本づかざるはなし。百工を来し商買を通じて国の利となることを謀れる類もあれど、其の本立ちての後也」

（古の英雄豪傑は農を基本とした。商売を以て国を利するものだととらえる向きもあるけれども、肝心の本分（＝農）をおざなりにしてはならない。）

会沢正志斎も『新論』で以下のように言います。

山陵を秩《まつ》り、祀典を崇ぶは、その誠敬を尽す所以のものにして、礼制大いに備りて、その本に報い祖を尊ぶの義は、大嘗に至りて極まれり。（中略）

これを万民衣食の原《もと》となし、天下を皇孫に伝ふるに及んで、特にこれに授くるに斎庭の穂を以てしたまふ。民命を重んじて嘉穀を貴ぶ所以のもの、また見るべきなり。（『新論』国体　上）

（山陵【＝歴代天皇の陵墓】を祭り、祀典を崇ぶことは、誠を尽くす所以であって、礼制が大いに備わって、祖先を尊ぶということは、大嘗祭がもっとも本質的である。

これを万民の衣食の元として、天下を子孫に伝える際に、特にこのことを斎庭の稲穂の神勅を以て伝えた。

民の命を重んじ穀物を貴ぶ理由には注目すべきである。）

水戸学には収穫について豊穣を神に感謝する精神と民を大事にする政治がすべて一体になった世界観があったのです。

そもそも彼等にとって天皇統治とは民を愛しむ統治のことであり、天下の富は皇室の恵沢を受けて存在し、特定の勢力が私するべきではないと考えました。そんな水戸学の精神は祭政一致だったのです。祭政一致というと時代錯誤のアナクロニズムに感じるかもしれません。しかし、祭りはムラで氏神様に対して収穫を感謝して行います。ここに共同体（ムラ）―信仰（祭り）―農がつながる世界観が明らかになりました。後期水戸学や権藤成卿、孝三郎らは、古代天皇においてはこの共同体―信仰―農の結びつきを尊重する統治が行われていた、にもかかわらず近代資本主義はこのつながりを軽視し破壊しようとしている、という認識で一致しているのです。

孝三郎が水戸学の祖たる義公に社会正義の原初を見たのもそのためでしょう。「我等をとほして永遠に生きんと欲する義公」を胸に抱き、真に理想とすべき社会に変革すべきと、孝三郎は考えたのです。

おわりに

本書では、橘孝三郎の議論の解説にとどまらず、孝三郎の議論を受けて現代社会をどうとらえるか？どう改めていくべきなのか？　というわたしの見解をも積極的に書かせていただきました。復刊物の解説に対しこのような踏み込んだ編者の主張はすべきではないというご意見もあるかと思います。そうしたご意見は当然だと思います。しかし「はじめに」でも述べた通り、橘孝三郎の復刊は他にも立派な本がたくさんあり、きちんと活字化されています。ただ復刊するだけであれば、本書のような蛇足は必要ない状況に置かれています。地縁血縁、師弟関係もない、ただの橘孝三郎愛読者でしかないわたしが手掛ける必要性もないものと思います。

しかし、わたしが望むことは、現代社会になかなか顧みられないでいる橘孝三郎という人物の議論を再び参照し、現代に生かしていこうという議論の醸成なのです。書物は、書き手と読み手の真剣勝負の場です。だとすれば、わたしも単に橘孝三郎の本の解説をするだけでなく自己の存念を語るべきであろうと思いました。

また、本書では既に指摘されている戦前右派との関連は比較的簡潔にし、従来あまり触れられなかった左派やリベラル派との人間関係や思想的つながり、そして水戸学との関係にも積極的に言及しました。孝三郎自身は尊皇愛国論者ですが、それだけにとどまらない思想的深みを持った論客です。こうした孝三郎の思想への理解が深まる一助となれば幸いです。

現今の日本は深刻な共同体機能の喪失に見舞われています。社会は市場に置き換えられ、国家は顧みられなくなり、三島由紀夫の言う「このままいったら日本はなくなって、その代わりに、無機的な、からっぽな、ニュートラルな、中間色の、富裕な、抜け目がない、或る経済大国が極東の一角に残るのであろう」という予言は実現してしまっています。そして少子高齢化もあり、日本は経済大国ですらなくなってきつつあります。ちなみに晩年の三島と孝三郎は親交があり、孝三郎が『神武天皇論』『皇道哲学概論』で示した大嘗祭の議論を三島は参照していました。そして孝三郎は大嘗祭の文化史的意義を非常に大事にしていたのです。大嘗祭は天皇が皇位継承に際し八百万の神に五穀豊穣を祈る祭りであり、収穫への感謝と国民の安寧を願う信仰はアグリビジネスと化した昨今の農業とはまったく違う世界観にあります。

特にここ30年わが国の政治経済を牛耳ってきた新自由主義、グローバリズムについて、抜本的な見直しがなされなくてはならないのではないでしょうか。そしてその先の社会を考えたとき、参考になるのが橘孝三郎の議論なのです。

* * *

本書の作成に当たってはさまざまな方にお世話になりました。本書はわれわれが発行しているオピニオン誌『維新と興亜』のオンライン講座として「橘孝三郎『日本愛国革新本義』を読む」を月1回、全11回行ったものがもとになっていますが、橘孝三郎をテーマとすべき旨は、『維新と興亜』発行人の折本龍則様、編集長の坪内隆彦様からの示唆を受けてのものです。本書の単行本化に際しても励ましのお言葉をいただきありがとうございました。『維新と興亜』同人でもある東洋大学講師の山本直人様からは、橘孝三郎が茨城新聞で義公について連載していた旨示唆をいただきました。示唆に基づき本書には茨城新聞の連載である「永遠なる義公」を収録いたしました。厚く御礼申し上げます。オンライン講座にご出席いただいた皆様には、講師役であるわたしへの質問を通じて、大きな気づきをいただきました。深謝いたします。オンラインでご参加いただいた受講者の中には、昨年亡くなられた展転社元社長の藤本隆之様もおられました。藤本様はかつて一水会に所属しており、一水会結成メンバーの一人である阿部勉氏が橘孝三郎の思想や人となりなどを若い人に知らせる雑誌『土とま心』の編集に携わっていた縁から、「『土とま心』の復活は阿部さんへの自分の宿題なんだ」と常々おっしゃっていました。藤本様からはオンライン講座に対しても熱い激励をいただいており、その期待に応えられたら幸いです。古村奈々様にはすばらしい表紙デザインをしていただき、ありがとうございます。古村様との縁も藤本様がつないでくれたものでございます。

橘孝三郎のご子孫であられる塙眞様、橘さち子様には、本書の作成について事前にご報告させていただき、楽しみにしている旨ご連絡をいただきました。ありがとうございました。その他大勢の皆様のご厚意により本書が成立したしましたこと、感謝に堪えません。

無論、本書の不備等いたらぬ点の責につきましては、これらの方々にはなく、筆者個人に帰することは言うまでもありません。

微力ながら本書が祖国日本の再生に向けた動きの一端となりましたら幸いです。

令和5年3月　橘孝三郎先生生誕の月に

著者識

日本の進むべき道を明らかにした水戸学の必読書。いま甦る。

日本再建は水戸学国体論から！

会沢正志斎著・高須芳次郎訳『新論 国体篇』

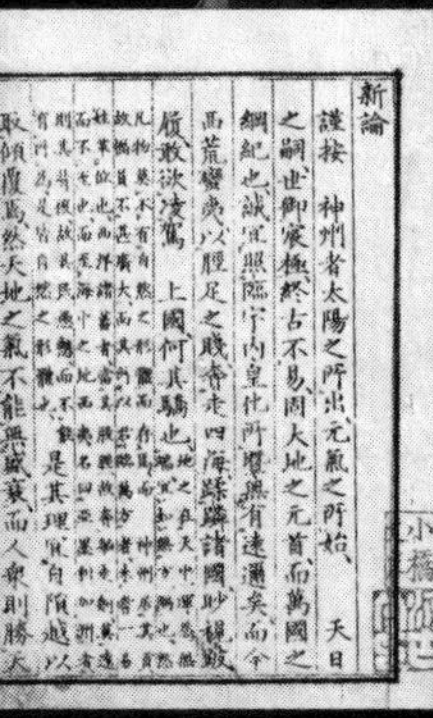
新論
謹按　神州者太陽之所出、元氣之所始、　天日
之嗣、世御宸極、終古不易、固大地之元首、而萬國之
綱紀也、誠宜照臨宇内、皇化所曁、無有遠邇矣、而今
西荒蠻夷、以脛足之賤、奔走四海、蹂躙諸國、眇視跛
履、敢欲凌駕　上國、何其驕也、
取傾覆焉、然天地之氣、不能無盛衰、而人衆則勝天

序文 いま求められている新『新論』（福島伸享）
解題 水戸学の正統を継ぐ会沢正志斎と『新論』
わが国独自の民主主義思想としての水戸学（坪内隆彦）
蒲生君平『不恤緯』にみる、『新論』との関係性（小野寺崇良）
会沢正志斎の「孤立無援の思想」について（山崎行太郎）
桜田門外の変・天狗党の乱に散った水戸藩士たち（益子奉忠）
会沢正志斎に学び、水戸学の限界を超えた吉田松陰と真木和泉守（折本龍則）
会沢正志斎『新論』と昭和維新論—水戸学者たちの戦争（山本直人）
新論の経世済民論—構造改革論は尊皇愛国思想に非ず（小野耕資）
会沢正志斎年譜

望楠書房

定価：1,500円＋税

279-0001　浦安市当代島 1-3-29 アイエムビル５Ｆ
TEL 047-352-1007　FAX 047-355-3770
mail@ishintokoua.com　https://ishintokoua.com

橘孝三郎（たちばな・こうざぶろう）

明治26年水戸生まれ。水戸中学校を経て東京第一高等学校に進学するも大正3年中退し帰農、愛郷塾を発足。昭和7年5.15事件に関与。主な著書に『日本愛国革新本義』（昭和7年、建設社）、『農業本質論』（同）、『農村を語る』（昭和8年、同）、『皇道国家農本建国論』（昭和10年、同）、『神武天皇論』（昭和40年、天皇論刊行会）、『天智天皇論』（昭和41年、同）、『明治天皇論』（昭和42年、同）、『皇道文明優越論概説』（昭和43年、同）、『皇道哲学概論』（同）。

小野耕資（おの・こうすけ）

昭和60年神奈川県生まれ。青山学院大学大学院文学研究科博士前期課程修了（専攻：日本近代史）。『維新と興亜』副編集長、大アジア研究会代表、崎門学研究会副代表、里見日本文化学研究所研究員、昭和維新顕彰財団評議員、大夢舘副舘主。著書に『資本主義の超克』（展転社）、『筆一本で権力と闘いつづけた男　陸羯南』（K&Kプレス）、『大和魂の精神史』（望楠書房）、『岸田総理に伝えたい 新自由主義の転換はふるさとの復活から』（同）、『読んでおきたい日本の「宗教書」―日本人の生き方を考える12冊』（合同会社宗教問題）。共著に『権藤成卿の君民共治論』（展転社、権藤成卿研究会編）、『日本再建は水戸学国体論から！―新論 国体篇』（望楠書房）。

日本を救う農本主義

『日本愛国革新本義』『永遠なる義公』

2023年3月18日　第1刷発行
著　　者　橘孝三郎
編・解説　小野耕資
発行所　望楠書房
〒279-0001
浦安市当代島1-3-29-5F

ISBN978-4-910773-11-7